KB125781

괜찮아, 고마워, 사랑해

—— 명정수의 살며 생각하며

괜찮아,
고마워,
사랑해

명정수 지음

이 글을 다듬어 세상에 태어나도록 곁에서
세심하게 보살피고 다듬어 준 '착한책방' 책지기
이순례 님께 감사드립니다.

살며 생각하며

나이 80을 바라보며 살아온 날들을 뒤돌아보니
참으로 많은 일들에 감사할 뿐입니다.

이토록 아름다운 세상에 태어났음을 커다란 축복으로 여기고,
가느다란 별빛 하나, 소소한 빗방울 하나에서도
눈물겨운 감동과 환희를 느낄 수 있는
맑은 영혼의 내가 되어 있음에 감사하고,
살아온 주변에 감사할 일입니다.

또한 스스로에게도 고마운 것은,
그날 그날의 생각을 그때그때 기록하려고 노력했고
만족스러운 결과는 아니지만,
그렇게 살아보려고 노력하고 다짐하여 오늘에 이른 것은
하늘이 나에게 준 크나큰 선물이고,
영광이고 축복이겠지요.

이 세상을 살며 가장 쉬우면서도 어려운 것이 있다면
모든 것을 소유하려는 욕심의 억제이겠지요!

자연에 주어진 식물의 씨앗은 하늘로부터 주어졌으나
그 씨앗은
꾸준히 변화하는 주변 환경에 적응해 가며 생존해 나가듯이
우리는 한순간도 놓치지 말고
주변 환경의 변화와 흐름을 지켜보며
그 흐름에 동승하는 지혜를 가져야 할 것입니다.

하늘을 향한 나의 마지막 바램이 있다면
나에게 주어진 세상 삶에서,
얼마나, 어떻게 풀어 베풀고
사랑하는 모든 것들과 이별할 그 날을
아름답게 준비하는 것입니다.

오늘 하루가 선물입니다

늘 실수로 이어지는 날들이지만
믿음과 애정이 가득하여
어떤 일에도 변함없이 나를 지켜봐 주는 가족이 있으니
오늘 하루도 선물입니다.

늘 불만으로 가득 찬 지친 시간이지만
긍정적이고 명랑하여 언제라도 고민을 들어 줄 수 있는
좋은 친구가 곁에 있으니
오늘 하루도 선물입니다.

늘 질투와 욕심으로 상심되는 날들이지만
이해심과 사랑이 충만하여 나를 누구보다 가장 아껴주는
사랑하는 연인이 있으니
오늘 하루도 선물입니다.

그 많은 선물들을 갖기에는 부족함이 많고
하루하루 힘들다고 투정하는 "나"이지만…
그래도 내가 열심히 살아갈 수 있는 이유는
이 소중한 사람들이 있기 때문입니다.

그 어떤 값비싼 선물보다
소중한 사람들을 만날 수 있는
오늘 하루가 가장 큰 선물입니다.

아름다운 삶 사랑은 참고 기다린다

향기로운 삶 사랑 안에 잠든 사람은 행복하다

1

아름다운 삶

사랑은 참고 기다린다

시간은 무제한 주어지는 것이 아닙니다

시간은 무제한 아무 때나 주어지는 것으로 착각하곤 합니다.

아니 우리에게 주어지는 시간에 대하여 무심하지요.

어떤 사람이 물건을 한 보따리 갖다 놓고,
선착순으로 그냥 가져가라고 하면,
너나 할 것 없이 뛰어가서,
먼저 받으려고 아우성칩니다.

물건은 한정된 양이 눈에 보이기 때문이지요.

만약 그 물건이 한정된 양이 아니고,
언제 가도 받을 수 있다면, 서두르지 않을 것입니다.

시간은,
눈에 보이는 물건 모양,

쌓아 놓은 것도, 놓아 둔 대로 있는 것도 아닙니다.

되돌려 받을 수 없는,
정말 귀하고 값진 시간을,
무제한으로 주어지고 있다고 착각하지요.

우리에게 주어지는 시간이야말로,
극히 한정되고,
짧게 주어지는 것입니다.

시간은,
챙겨 받으면 내 것이 되고,
안 받으면 그냥 지나가 버리는,
짧은 순간에,
나에게
선택의 기회로 주어지는 것입니다.

오늘이 귀하고,
한순간이 짧습니다.

보이지 않지만 느껴지는,
오는 시간과 가는 시간,
놓치지 말고,
소중하게 붙잡아,
내 것으로 만들어야 하겠지요.

이렇게 살도록 다짐하자

말[言]은 아끼자
말은 생각하고, 또 생각하고 하라고
혀 앞에 이빨과 입술로 막아 주셨다.

그리고 많이 들어 주라고,
귀는 두 개씩이나 커다랗게 달아 주셨다.

책[書]에 투자하자
책은 보고 오래 둘수록 고전이 되지만,
재산은 고물이 된다.

특히 좋은 옷, 신발은 버려야 한다.

노점상에서는 부르는 대로 주자
노점상에서 물건 값은 깎지 말자.

달라는 대로 주고, 주는 대로 받자.
물건을 사주면 한 인생을 구해주고
그에게 희망과 건강을 선물하는 것이다.

웃음[笑]을 품는 연습을 하자
천진난만한 어린 얼굴이나, 졸라 대며 눈치를 보는 강아지,
내가 베풀며 즐거울 수 있는 상황을 항시 머리에 띄우고 살자.

웃음은 만병의 예방약이고,
치료약이며,
우리를 젊게 한다.

TV(바보상자)를 멀리하자
술에 취하면 정신을 잃고… 마약에 취하면 이성을 잃지만
텔레비전에 붙들리면 아까운 내 시간을 모두 빼앗기고,
맑고 깨끗한 내 생각을 모두 빼앗긴,
만인의 웃음을 사는 바보가 된다.

성냄[禍]은 모두를 죽인다
먼저 화내는 사람이 언제나 손해를 본다.
화내는 사람은 자기를 죽이고 남도 죽인다.

내 손에 쥐고 있는 것들은 놓고 갈 것들이다

갯벌에 물이 빠져 꿈쩍도 않고 벌렁 자빠져 있는
큰 배를 밀고 당기려면
어마어마한 힘과 노력이 필요하지만
밀려오는 물이 갯벌을 잠그기 시작하면
그 큰 배는 여유롭게 모양을 취하고 둥둥 뜨게 된다.

모든 것은 순리를 따라 때를 기다려야 하고
생을 영위함에는 더욱 그렇다.

내가 삶의 질을 판단하는 한 예는
얼마나 많은 다양한 사람들이 나를 가까이 해주고
아껴 주느냐는 것이다.

내가 사는 것은 나를 위함이 그 첫째이지만
나를 위함이 주변과 나와 연관되는 사람들을 위하는 것으로
저절로 파급되는 삶을 살아야 한다.

나 자신을 바라보면 주변과 이웃,
그리고 나를 아는 다른 사람들을
관심 있게 느끼고 염려할 수 있는 삶이어야 한다.

내 손에 쥐고 있는 것은 놓고 갈 것들이고,
이웃과 주변에 베푼 것은 영원히 가지고 가는 것이다.

내 삶의 흐름의 주류는 "나"여야 한다.
주변이나 환경은 절대적인 영향을 끼치는 보조자이다.

빛이 강하면 그림자가 진하고, 빛은 어둠을 쫓지만
그림자를 만든다.
렘브란트는 이것을 그림으로 빛과 그림자의
양면성을 보여주고 있다.

오늘 저녁에 생을 마감할지도 모른다는 생각으로
나를 돌아보는 생을 살아야 한다.

주도적으로 사는 사람은 삶이 열정적이고,
더 나은 미래를 꿈꾸며
풍요로운 미래를 위한 계획과 실천을 앞세운다.
그러면서 현재를 즐길 수 있다면 최상의 삶이다.

내 속에는 백, 천의 내가 들어 있다

자신 있고, 자신과 확신을 가지는 것은 좋은 일이다.
그러나 자신을 가진 만큼 신중하고 깊은 재고를 해 보아야 한다.

내가 아는 것은 나를 기준으로 나의 소신의 바탕에서
느끼고 판단되어지는 것이므로
항상 한 발짝 물러서서 다시 보는 일을 놓치지 않아야 한다.

겨울이면 날씨가 추워지고 또 그 추위를 당연히 여기듯이
삶에도 시와 때를 따라 자연스런 변화를 맞으며
그를 받아들여야 한다.
특히 나이를 먹어가며 오는 현상은
겸허히 받아들이고 순응하여야 한다.

내가 가장 자신 있는 것은 가장 허술한 곳이 많다는 것을
항시 염두에 두어야 한다.

세상 사람들이 나를 보는 것은 내 외양이 아니라 내속,
마음을 보는 것이다.
그 속마음은 처음에는 내 외양으로부터 연계되어
끌려 들어감을 알아야 한다.

생각은 항시 얼굴에 쓰여져 있다.

항시 좋은 일, 감사한 일, 베푸는 일들을 품고 생활해야 한다.

내가 나도 잘 모르면서 이웃과 주변을 세부 평가해서는 안 된다.

오늘 나를 돌아보고, 건강, 재물, 이웃, 친구,
모두 주어졌음에 감사해야 한다.

내 속에는 백, 천의 내가 들어 있음을 알아야 한다.

뒤돌아보고 아쉬움을 느끼는 것은
아직 베풀 일들이 많음을 의미한다.
확실한 것은 봄이 돌아와 꽃이 피는 것처럼
그러한 경우가 다시 온다는 것이다.

"아직"이라는 말은 "벌써"라는 말로 급히 바뀜을 알아야 한다.

신앙은 내가 시작한 것이 아니라
하늘이 나를 붙잡아 주신 것이다.

나라는 존재를 주체가 아닌 객체로 다시 보면
보이는 것, 고칠 것이 너무나 많음을 알게 된다.

나 자신은 주체이며 객체이다.

삶을 향해 달려가야 할 목표는 끝이 없다.

과거에 안주함을 경계하고, 미래를 향해 뛰어야 한다.

어제, 오늘, 내일의 바다와 같이
오늘 살며
내일을 만들어가야 한다.

오늘도 감사드립니다

아침 출근 길에 육교를 오르며, 시큰거려야 할 무릎이
뛰어오르고 싶을 정도로 편안한 건강을 허락하여 주심을
감사드립니다.

무더운 여름을 지나
찬바람에 한 잎 두 잎 떨어져 어깨를 스치는 낙엽에
마음이 싱그럽도록 푸근함과 정취를 느낄 수 있게 하여 주심을
감사드립니다.

떨어져 바람에 흩날리는 낙엽을 따라 내 인생을
챙겨 보게 하심을
감사드립니다.

감사는 끝이 없고 방향이 없다

모든 일에 감사함을 얹고, 그 감사함을 더 키워서
세상으로 풀어 놓아야 한다.

감사는 끝이 없고 방향이 없다.
세상에 태어나면서부터 감사함의 모든 것을 쥐고 나왔다.

남에게는 물론 나에게도 감사함을 알아야 한다.
그 감사함을 내 앞일이 와 닿을 때마다
되뇌이어 감사하여야 한다.

친구란 내가 조건 없이 베풀어 주고
그 사실을 잊어버릴 수 있는 나의 베풂의 대상이고,
그 친구가 나의 베풂의 양과 가치를 배가시키는
생활의 주체가 되도록 하는 사람들이어야 한다.

모양은 어떻든 내가 하는 일은 베풂의 흐름이

오른손이 하는 일을 왼손이 모르게,
나 자신도 모르게 차고 넘쳐야 한다.

내가 살아가는 것은 감사함의 양과 대상을 넓히라는
소명임을 알아 널리 확대 재생산하여 베풀어야 한다.

비가 오는 날은 비가 와서 만물이 춤을 추고,
날이 맑은 날은 만물이 높은 하늘을 보고 가슴을 활짝 펴고
환호함을 알아야 한다.

모든 일에는 명암이 있듯이 세상일은
밝은 면, 긍정적인 면을 보고,
그 효과를 배가시키기 위해서는
부정적인 면을 참고하여야 한다.

마음속에 편견이라는 색안경을 끼면 세상을 편견하게 된다.

모든 것은 정복하고 다스려서 나의 것으로 만들어
다시 베풀어야 한다.

언어는 나의 분별력과 생각을 표현하는 도구이다.

지성적 언어와 감성적 언어가 잘 융합되어야 한다.

베푸는 자의 소유는 한이 없다

모든 일은 그 본질을 보고, 느끼고, 확인하여야 한다.
더욱이 판단을 하기 전까지는
나를 떠나 객관적으로 볼 수 있도록
선입견을 연계하지 말고 일단 파악한 다음에는
나의 생각이 전적으로 중심이 되어 이끌도록 하여야 한다.

타성적인 것이 가장 게으르고 무서운 악습이다.
항상 새로운 자세로, 대할 때마다 초면을 하여야 한다.

내가 나를 관리하기도 힘든 판에
남을 챙기고 참견하는 것은 여간 조심스러운 일이 아니다.
내가 나를 챙기고 관리, 교육하는 일이
가장 우선적이고 큰 일이다.

생각은 수시로 말로 확인하고,
그 말의 확인을 행동으로 실천하고,

행동의 결과는 항시 챙겨 발전을 위한
반성의 자료로 지녀야 한다.

내가 저세상으로 갈 날이 오늘일지, 내일일지 그 끝을 몰라도
하루하루를 마감하는 마음으로,
계획은 평균수명 이상으로 마음속에 새겨서
기준을 마련하고 살아야 한다.

시간이 가고 나이가 들어감에 따라
주변환경과 나의 능력이 변함을 알고,
그때그때 적응하는 자세를 취해야 한다.

절실하고 애통하는 마음이 있어야 한다.

기다림이 있고, 기대가 있는 것은 삶의 가치가 있다는 것이다.

고난의 뒤에는 참된 영광이 있고,
영광의 뒤에는 고난과 고통이 잠겨 있음을 알고 챙겨야 한다.

자식의 아픔을 아파하는 부모의 아픔을
내 이웃을 위해서도 가질 수 있어야 한다.

나의 생각과 나의 바램은 나의 상상의 범위를 벗어나지 못한다.

베푸는 자의 소유는 한이 없다.

앵벌이식 삶을 버릴 수는 없을까?

"차내에 계시는 아저씨, 아주머니"
"저는 어려서 조실부모하고…"
껌 질겅질겅 씹어가며,
한 쪽 손으로 꾀죄죄한 얼굴에다 코 한번 훔치고,
다른 한 손에 껌 몇 개 들고…
손과, 발과, 입과, 눈이
따로 행동하는 앵벌이의 삶.

시대가 바뀌어
먹을 것과 입을 것이 풍족한 현대에 와서도
앵벌이식 삶은 예나 지금이나 다를 게 없나 보다.

내용이 뭔지도 모르고
카피해서 읽어 대는 교수,

기도문을 펼쳐 들고 딴생각을 하며

떠듬떠듬 읽어 내려가며 공중기도 하는 교회의 장로,

"주여 주여" 하며 무엇을, 왜 찾는지도 모르며
미주알고주알 하나님을 찾는 종교인들,

처음 보는 사람에게
반가운 죽마고우처럼 반색을 하며 손을 내미는 정치가,

시선은 빈 그릇 챙기는 데 두고,
출입문을 나서는 손님에게
"감사합니다, 안녕히 가세요." 하는 종업원,

칠하고, 차려입고, 척하며,
위선으로 가득한 현대판 앵벌이 사회,

마음과, 눈과, 손과, 발과, 입이,
정직하게,
한 방향으로,
한 가지만을 위해,
말하고,
행동하고,
달려갈 수 있는,
푸근하고 안정된 이상향은 없을까?

내가 아는 것은 내가 아는 한계 내이다

내가 아는 것은 나의 테두리를 벗어나지 못한
내 한계에 머무르는 모든 것들이다.
더 넓게, 멀리, 그리고 깊이 보려고 시선을 돌리고,
생각을 바꾸는 노력을 해야 한다.

내가 나를 모르고 있다가 깜짝 놀라게 알게 되는 경우가 있다.
그만큼 나 자신도 무한한 개발의 여유를 가지고 있다는 것을
항시 염두에 두고 때가 올 때마다 놓치지 않고 붙들어야 한다.

때로는 멍청하게, 때로는 극성스럽게,
그러나 밖으로 요란하게, 표는 나지 않게 변화를 시도해야 한다.

살아가는 것은 겉으로 얼핏 보기에는 다람쥐 쳇바퀴 돌 듯
같은 것의 반복으로 보이나
내용을 보고, 미래를 보면, 하루하루 한시 한시가 새로운 것이다.
단지 과거를 딛고 미래가 전개되기 때문에

반복적인 것으로 착각할 수 있다.

남의 비판이나 오해에 대해 주의 깊게 내용을 들어는 주되
심각하게 휘둘릴 필요는 없다.
단지 나에게 필요한 부분을 추출해 내면 된다.

잘 되고, 잘 나갈 때는 너그럽고 여유가 있지만
어려울 때는 각박해지고 여유가 없어짐을 감안해야 한다.

상황이 어떻게 전개되더라도 초조함을 갖지 말아야 한다.

매에 맞으면 멍들고 자국이 나지만
매보다 독하고 강한 혀에 맞으면 병이 들고 뼈가 부러진다.

내게 다가오는 모든 상대방은
내가 모르는 무한의 인격과 존경스러움을
가지고 있다는 것을 알아야 한다.

비판은 남에게가 아니라 나에게 마음속으로 하고,
가슴으로 아파하고, 비난은 가까이 하지를 말아야 한다.

후회는 회개로 맺음되어야 한다

내가 나 자신을 냉철히 챙기며 살아야 하는 데,
항상 때늦은 "내 챙김"이 이루어지고 있음을 알게 된다.

내가 내일 아침에 일어나지 못하고
저세상으로 갔을 때 뒷정리를 하며,
남들이 쓸 만한 것들을 베풀지 않아서
쓰레기로 남기고 가는 일이 없도록
베풀어 비우기를 끊임없이 해야 한다.

나에게 내일이 있으리라는 것은 작은 기대이며,
아직 베풂을 통한 갚음을
다하지 못했기 때문이라는 것을 명심하여야 한다.

때와 장소에 따라, 내가 살아온 시기에 따라, 값진 도움을 받고
베풀어 갚지 못한 때들이 너무도 많이 줄 서 있음을 알고
무조건적인 베풂에 더 많은 생각과 노력을 바쳐야 한다.

내 속에는 항상 긍정적인 생각과 부정적인 생각이
함께 자리하고 있다.
부정적인 생각의 극단적인 경우는 미움과 분노로 변하며,
그 결과는 자신을 망치게 한다.

부정적인 생각을 내 탓으로 돌리면
그 부정은 나로부터 작게작게 쪼개지며 나를 떠나게 된다.

나 자신에게 항상 고해하고 용서하는 습관을 길러야 한다.

나에 대한 용서보다 남에 대한 용서는
용광로처럼 뜨겁게 태워 버리는 활성적이고,
맹목적인 용서여야 한다.

용서는 일방적인 것이 아니고 주고받는 것이다.
단지 내가 용서받는 것은 회개가 뒤따르고
하늘로부터여야 한다.

후회는 회개로 맺음되어야 한다.

육신은 살아가는 동안의 임시물이다

머릿속에 남겨져 있는 것은 내 육신의 잔재가 아닌
내 영의 일부분이다.
영은 저세상으로 가지고 갈 것이기 때문에
잘 새겨 관리하여야 한다.

내가 영에 대한 관리를 잘못하면 내 죽음이 불행하고 추해진다.
편안하고 환한 죽음을 남겨야 한다.

세상을 보면 나를 돌아보고,
내 주변이 나를 비추는 거울로 휩싸여 있음을 느껴야 한다.

갈증을 느낄 듯한 내 영혼의 갈급함은
내가 나를 제자리로 앉히기 위한 전조이다.
이 갈급함이 도를 넘으면 불안과 초조로 연계된다.

나는 나 자신에 대한 확신과 자신이 있어야 한다.

그것은 결과는 하늘에 맡기고 나는 자신 있게
앞으로 앞으로 전진하는 것이다.

가까운 곳에서 잘 알던 사람이 육신을 벗고
하늘로 가는 것을 보며
나 자신도 곧 합류하게 됨을 준비해야 한다.

내 영혼은 하늘에 예약되었음을 믿고
모든 것에 대한 아낌 없는 베풀음을 세상을 향해 뿌려야 한다.

일생을 살아오면서 내 인생에 대한
나 자신의 가치관이 무엇이고,
어떻게 설정되었는지를 돌아볼 필요가 있다.
좋게 나쁘게 느껴지고 부딪쳐 온 상황들은
식물에게 다양한 성분의 복합비료가 주어진 것과 같다.

나를 나되게 하는 가치관, 인생관을
내가 만들어 왔고, 만들어 간다.

내가 하늘을 업고 하늘의 편이 되는 삶을 살아야 한다.

육신은 살아가는 동안의 임시물이고,
그 안에 있는 영원한 영을 바르게 살아야 한다.

독선적인 지식은 교만이 되기 쉽다

세상 만물은 창조주의 뜻 안에서
각각의 의미와 역할을 가지고 존재한다.
나도 그 중에 하나임을 알아야 한다.

인간에게 주어진 가장 큰 특권은
아담과 이브가 선악과를 따 먹을 수 있는 정도의 자율권이다.
이것은 자신 스스로가 세우고 지켜야 한다.

삼라만상이 환경과 그 구성요소에
적절하게 배치되어 존재하고 있음같이
나도 그 한 구성요소임을 알고 나를 맡겨야 한다.

한겨울 추운 날씨는 여름의 더위와 따뜻함의 의미를
확인해 볼 수 있는 자연의 섭리이다.

나를 아는 모든 사람들은

내가 그들 각각에게 보여준 내용에 기준하는 "나"와
그때 보고 느낀 "나" 정도만 알고 있다.
그러므로 그들 각각이 아는 "나"는 모두 다른 "나"이다.
그 중에 가장 많은 공통적인 나에 대한 느낌이 나를 대변한다.

"나"는 "나" 자신이다.
내가 "나"되기 위해서는
나를 생각하기 전에 주변과 상대를 생각하여
주고받는 느낌을 관찰하여야 한다.

내가 생각하여야 할 나의 나이는
몇 년을 살았느냐는 것이 아니라,
내 바깥을 향해 베풀어 털어버려야 할 내것을
챙겨 확인하는 것이다.

항상 내가 오늘 같지, 내일 같지 모르면서
빨리 풀어 베푸는 것만이 내가 영원히 가지고 가서
소유한다는 것이다.

내가 나를 돌아보지 않으면 오만해지고, 방자해져서
나를 하늘에 내세우며 세상을 내려다보게 된다.
나는 세상의 한 작은 구성요소로서
주변을 섬기고 돌보아야 한다.

나는 주변과 어울려 있으면서도 구별이 되는 요소이다.
전체를 이루는 한 시스템의 필수요소이므로
독립된 내가 아니고 종속된 구성요소로서의
"나"임을 먼저 챙겨야 한다.

모든 일은 그 동기가 순수해야 한다.
여기에서 순수함이란 남을 위한 보편타당성이 있는 베풂이다.

남과 주변이 아니라
"나"를 다스리고, 바로 세우기 위한 노력이
끊임없이 이어져야 한다.

모르면 교만이 없으나, 알면 교만이 따르기 쉽다.

독선적인 지식은 위험한 교만이 되기 쉽다.

항상 초심을 살리고 지켜야 한다

모든 일은 생각하기 나름으로 흐름이 시작되고,
흐름은 더욱 많은 것을 발생시키며 발전해 간다.
시작한 일은 긍정적이고 합리적이며
발전적으로 밀고 나가야 한다.

계절은 변하며 자연에서 그 변화를 쉽게 느낄 수 있도록
외양적인 형태를 보여준다.
이것을 받아 내 속의 것을 변화시키고
조화시키는 삶을 살도록 노력하여야 한다.

남보다 한순간 더 생각해 볼 수 있고,
한 장면 더 눈여겨볼 수 있다는 것은
나를 앞서게 하는 매우 중요하고 큰 일이다.

입에서 나오는 말은 언제나 긍정적인 말이어야 한다.

인생은 시작과 끝의 순서가 없다.
밀물처럼 다가오는 모든 현실은 시련이 아닌
어울림의 현실로 받아 적응하여야 한다.

고맙다는 따뜻한 말과 수고했다는 말을
붙이고 살아야 한다.

내가 생각하고 판단하는 것은 절대적일 수가 없다.
그 상황과 환경에 따라 변하고 그에 순응하여야 한다.
다만 나의 굳은 신념과 사리판단은
바탕에 깔려 있어야 한다.

사랑하는 사람과는 모든 것을 함께 하여야 한다.

사랑하고 긍정적인 자세를 가지고 포용하며 사는 삶은
행복한 삶이고 그 대상은 무한하다.

성격차이를 극복하고 이루어내는 경제적 여유,
가족친지와의 대화는 매우 풍요한 삶의 요소이다.
그러나 실제는 건강이 최우선이다.

인간은 창조 때부터 남녀가 서로 기대어
사람 "人"자를 만들어 살게 되었다.

기대가 클수록 실망과 상처가 크다.

모든 일에는 종착이 있고, 연이어 시작이다.

항상 초심을 살리고 지켜야 한다.

주변에 대한 관심과 배려를 끊이지 않아야 한다.

고난은 없습니다 It depends on your will

참으로 살아가고자 하는 의지만 있으면,
As long as I have strong will to survive,

나에겐 고난이나 역경은 아무것도 아니었습니다.
Hardships or adversity was nothing to me.

스스로 주저앉고자 하는 마음이 문제였지,
The problem was my will of give up,

이길 수 있다는 의지만 있으면,
As long as I have confidence to win,

삶도 충분히 살아볼 만한 거였습니다.
Life was worth to live along.

운명의 바람이 거세면 거셀수록,
The flow of destiny was wilder and strong,

내 삶의 옷깃을 단단히 거머쥐면 되는 게 아니겠습니까.
I could overcome, grasping the life coat sleeves.

피하지 않고 정면으로 걸어가다 보면,
Once I go straight ahead to coming future,

때로는 그 바람 속에서 흔들리기도 하지만,
Although exposed to vulnerable strong wind,

결국에는 햇빛 찬란한 날도 오지 않겠습니까.
I expected warm and shining sun lights.

고난이란 언제까지 계속되지 않습니다.
Sufferings or difficulties do not keep continue.

그 속에서 주저앉고 주저앉지 않고는,
Overcome to, or fail to successive future,

순전히 내 의지에 달린 거였습니다.
It only depended on my will to survive.

기쁨은 움켜쥐면 스러지고 베풀면 배가한다

모든 일에는 돌아보고 미래를 생각해 볼 수 있는
점검 점(Check Point)을 설정하고 확인하는 것이 필요하다.
그 중에서도 쉽게 해볼 수 있는 기회는
시간의 흐름을 점검해 볼 수 있는 "새해맞이"이다.

지난 한 해를 보기 전에 다가오는 새해와
그 동안 맞아 온 새해를 확인하는 것이다.
시작이 반이니까 금년은 이미 정해졌고
앞으로 다가올 새로운 해를 맞을 준비점검이 있어야 한다.

나이를 먹는 것은 할 일들을 챙기라는 이정표이다.

불가능한 기적은 항상 존재한다.

몸과 마음이 생각 같지 않으면
나를 제어하기에는 늦어가는 나이임을 인정해야 한다.

언행일치에 생각도 합쳐지는 태도를 갖추어야 한다.

내가 나를 확신하지 못하는 현실이
나이와 함께 찾아들고 있음을 알아야 한다.

내가 가는 곳은 마음과 행동, 그리고 바램이 함께 행해야 한다.

기쁨은 움켜쥐면 스러지고 베풀면 배가한다.

만족하지 못하면 만족을 찾기 위한 긍정적인 노력으로 채워
건전한 발전이 이뤄지도록 하여야 한다.

만족과 감사는 다른 특성을 가지므로 잘 조화시켜야 한다.

매사에 헌신하고 그 헌신에서 얻은 작은 성취감을
항상 감사하는 대상으로 부각시켜야 한다.

건강한 몸, 건강한 마음은
자신을 건강하다고 느끼는 자신감과 주변과의 인간관계,
그리고 성취감을 가질 때 모든 것을 얻은 것이 되고
이때 여유가 생긴다.

나의 얼굴, 눈동자에서 풍요와 만족을 느껴야 한다.

사랑은?

사랑하면 모든 것이 이해가 된다.
사랑은 상대의 말을 듣는 데서 시작된다.
상대의 인격을 높여주어야 사랑이 깊어진다.
사랑하는 사람들은 지는 싸움을 싸워야 한다.
사랑은 성숙을 시켜주지만 아픔도 준다.
Falling in Love는 유아적인 사랑이다.
사랑은 막강한 힘을 가진다.
사랑은 내 기준이 아니라 상대방을 생각하는 사랑이어야 한다.

사랑에는 사랑에 따르는 실천이 있어야 한다.

옳고 그른 것을 분별하여 결정, 결단하는
용기가 있어야 진정한 사랑이 생긴다.

시기, 자랑, 교만, 불의를 기뻐하지 않아야 사랑이다.

사랑은 내면의 품성을 바꾼다.

인생에서 사랑을 멈추면 인생을 멈추는 것이다.

에로스의 사랑에는 조건과 이유가 있지만,
아가페의 사랑에는 조건과 이유가 없다.

에로스의 사랑은 그 주체가 항상 변한다.

사랑의 대상이 있으면 모든 것을 바쳐 사랑해야 한다.

특별한 사랑이란 없다.

평범한 사랑이 특별한 사랑으로 발전한다.

열매는 사랑의 결실이다.

사랑은 이론이 아니고 마음속의 뜨거움과 행동이다.

사랑은 보면 느낄 수 있고 느끼면 볼 수 있다.

나에게 표현하지는 않아도,
나를 깊이 사랑하고 있는 사람이 있다는 것을 알자.

사랑은 강제사랑이 없다.

사랑의 바탕에는 자유가 깔려 있다.

내려오는 사랑은 올라가는 사랑보다 언제나 크다.

시험에 드는 것은 욕심이 있기 때문이다

하루하루 불편하거나 모자람을 못 느끼는 것은
넉넉함을 듬뿍 받은 행복한 삶이다.
여기에 더한 행복은 주어지는 대로 베풀기 위한
마음의 준비를 하고 살아가는 것이다.

이웃, 친구들에게 궁핍함을 보이지 않고,
몸과 마음과 씀씀이가 넉넉함을 보이는 삶이 되어야 한다.

아낄 때 아끼더라도 궁핍함을 보여서는 안 된다.

내가 가지고 있는 것은 아직도 풀어서
베풀어야 할 것들이라는 것을 알아야 한다.

베푸는 데는 원자재를 베푸는 것이 아니라
내가 내 수준에 맞게 가공하고 처리하여
값진 결과를 베풀어야 한다.

세상에는 내가 끼워 맞추어 줄 곳과
대상들이 너무나 많음을 알고, 찾아서 베풀어야 한다.

내가 가진 것을 모르듯이
남이 가지고 있는 가치와 자산들은
더욱 모른다는 것을 알아야 한다.

시험에 드는 것은 욕심이 있기 때문이다.

하루하루 반복되는 생활이지만
하루하루 새로 시작하는 삶이어야 한다.

질문은 철학의 기본이고, 그 대답은 종교이다.
자기자신에 대한 질문을 자신 있게 자신과 주고받아야 한다.
나의 질문에 대한 대답은 성경에 있다.

온몸을 바쳐 추구한 결과는 허무와 무상, 헛되고 헛된 것이다.

내 스스로가 내 자신과
가장 친한 친구가 되어야 한다

마음속에 있는 모든 생각과 그 내용은 밖으로 나타나 표시된다.
단지 그것을 읽을 수 있고 없는 것은 보는 사람의 마음과 태도,
습관에 달려 있다.

선함과 악함은 누구에게나 존재하지만
어느 한쪽이 다른 쪽을 제압하여,
한 심령 속에 공존하지는 못한다.

친구는 내 마음이 밖으로 나타난 표시이다.
그 친구를 보고 내 마음의 상태를 짐작할 수 있고,
그 친구도 나와 가깝고 멀기가 끊임없이 변화한다.

내가 생각하고 느끼는 것은 어떤 계기로 자극을 받아
원래의 자신으로 되돌아 온다.

남을 돕는 것은 일과성이 아닌,

진정으로 도움이 될 수 있는 방법을 생각하고
표현에 옮겨야 한다.

길가의 거지에게 한 푼을 주는 것은
거지로서의 형편을 벗어나지 못하도록 묶어 주는 것이다.

모든 일은 그 뿌리를 찾아 깊게, 넓게 보아야 한다.

믿고, 바라고, 사랑하는 것은 가장 기본적인 인간의 삶이다.

애정은 한시적이고 우정은 거리와 시간에 관계없다.
애정과 우정이 혼합되면 영원한 사랑이 싹터 자라게 된다.

하늘을 보거나, 땅을 보거나, 앞을 보거나, 뒤를 봐도,
내가 어울리고, 감당해야 할 이유가 있다는 것을
믿고 살아야 한다.

인간은 사회적 동물의 본연을 알고,
독불은 도태되어 없어진다는 것을 알아야 한다.

내 스스로가 내 자신과 가장 친한 친구가 되어야 한다.

내 주변을 존경스럽고 사랑할 만한 환경으로
조성하여야 한다

삶은 하루하루, 한시한시 감사의 대상으로
나에게 특별히 주어진 은사이다.
이것은 내가 당연히 듬뿍 받아서 넉넉하게 하여
세상으로 되돌려 베풀어야 한다.

나에게 주어진 모든 것은 극히 한시적이라는 것을 염두에 두고
하루가 바쁘게 되넘겨 베풂에 궁색하지 않아야 한다.

내가 나 자신을 챙기기도 힘겨운데 남까지 간섭할 수는 없다.

나 자신 이외는
내가 책임지고 챙기기가 어렵다는 것을 인정하고
부지런히 나를 돌아보고 주변을 보아야 한다.

이웃이나 주변에 기대하거나
기대려는 생각은 항상 경계하여야 한다.

아담과 이브가 에덴동산에서 쫓겨나서 자립의 세계로 나왔듯이
나는 세상에서 독립된 삶으로 세상을 위해
되베푸는(Pay Back) 삶을 살아야 한다.

가장 확실한 나의 소유물은
내가 세상과 이웃을 향해 베풀어 주어 버린 것뿐이라는 것을
잠시도 잊지 않아야 한다.

베풀어 주어 버린 것은 잊어버릴수록
더 튼튼히 뿌리를 내리고 건강하게 퍼져 간다.

앞을 보나, 돌아 보나, 이웃을 볼수록
감사하고 되돌려 베풀어야 할 빚진 자임을 알게 된다.

내가 세상을 살아가는 것은 어울려 살아가지만
그 속의 나는 나 자신뿐임을 알아야 한다.

햇빛을 받으면 어둠에 묻혔던 주변이 세상에 밝게 드러나지만
그를 부끄러워하기 이전에
그 빛이 삶의 에너지를 듬뿍 공급해 줌을 알아야 한다.

내 주변을 존경스럽고 사랑할 만한 환경으로 조성하여야 한다.

내가 세상을 삶에는 항상 존경하고 바라다볼
대상과 환경이 있음을 알아야 한다.

자존심을 가지고 자신을
즐기고 사랑하여야 한다

하루하루가 스르르 다가왔다 재빨리 지나감을 알고
그날 그날을 정리해 가며 살아야 한다.

세상은 다양한 형태와 그를 구성하고 있는
다양한 요소들로 이루어졌음을 알고
부분적인 판단에 그치지 말고
온전한 전체를 들여다보고 비추어 보는
총체적인 삶을 살아가도록 노력하여야 한다.

나에게 좋은 것이 있으면 남에게도 그것이 있음을 알고
내 것을 느끼지 못하는 남에게 베풀어
그 가치를 확대하여야 한다.

내가 보는 것은 내 주변의 내 시야에 한정된 것이고
그밖에 더 크고 다양하고 바람직한 것들이
널려 있음을 감안하고

편재된 삶과 노력으로부터 벗어나야 한다.

멀고 가까운 곳을 교대로 보며, 전체를 보는 노력을 하여야 한다.

내가 모르겠거나 어려운 환경이 부딪쳐 올 때는
주변과 내 주위의 다른 사람,
또 가까운 이웃을 들여다보고
내 자신의 형편을 집어넣어 보아야 한다.

가까울수록 배려하고, 베풀어 주고, 감사하는 표현을
게을리하지 말아야 한다.

내가 하는 것은 나에게는 크고 좋은 것이지만
주변의 타인들에게는
실감나지 않을 것이라는 것을 감안하여야 한다.

자기자신에게 모든 것을 먼저 적용하여야 한다.

자존감, 자존심을 가지고
자신을 즐기고, 도취하고, 사랑하여야 한다.

육체의 거울 앞에서 나를 확인하듯 영적인
거울 앞에서 나를 확인하곤 하여야 한다.

자기를 표나지 않게 자랑할 수 있어야 한다.

기다림이 있다는 것은
삶의 희망이 있다는 것이다

세상일을 관심을 가지고 들추어 보면
그 내용과 양상은 우리의 생각의 한계를 넘게
다양하고 무한함을 알고
그것들을 이해하고 내 것으로 만드는 것은
나의 마음먹기와 능력에 한정된다는 것을 알고,
더욱 멀리, 넓게, 그리고 긍정적이고 발전적인 방향으로
다시 보는 노력과 기회를 가져야 한다.

유유상종이란 개념은
만물이 존재해 오면서 확인된 자연현상이다.
인간의 삶도 그 테두리를 벗어나지 못함을 이해하고
노력에 앞서 올바른 선택을 하고,
선택을 한 후에는
내 것으로 변화시키는 추가의 노력을 하여야 한다.

내가 살아가는 것은 주변환경을 바탕으로 어울려 삶을 알고,
그 바탕이 내가 극복할 수 있는 환경이 아니면
그 환경을 과감히 떨치고 바꾸어야 한다.

나의 뒤에는 항시 나를 인도하고, 보호해 주시는 분이
한시도 눈을 떼지 않고 지켜주심을 믿고,
앞을 향해 나아가야 한다.

많은 일들이 내 앞과 주변을 가리고 스쳐가나
자세히 보면 내가 건드려야 할 것과
그렇지 않은 것들이 있음을 감안하여
심각한 판단을 앞세워 선택과 기피의 결정을 하여야 한다.

제일 가까운 것이 내 앞의 거울에 가장 잘 보이고, 그리고
뒤의 것들은 가리워 버리듯이 앞과 그 뒤를
헤아려 보아야 한다.

기다림이 있다는 것은 삶의 희망, 의미가 있다는 것이다.
그 기다림은 하루, 한달, 일년, 일생이 될 수 있고,
그것은 소망이다.

절망이 소망이 되는 기다림을 가져야 한다.

조급한 기다림은 부정적인 기다림이 되고,
느긋하게 여유 있는 기다림은 밝은 희망의 삶을 준다.

생각은 운명을 결정한다

세상에서 가장 어리석은 사람은,
생각을 하지 않고 사는 사람이다.

어리석은 사람은,
  * 어제 실수를 오늘도 한다.
  * 성공한 사람은 배경이 있다고 생각한다.
  * 항상 "저게 될 리가 없다"고 생각한다.

창의적인 사람은,
많은 생각을 하고, 깊은 생각을 한다.

우리는 하루하루를 생각하고,
또 의식 무의식 간에 그때그때 결정하며 살아간다.

생각이 있으면 행동이 있고, 행동은 습관이 된다.

습관은 성품을 만들고, 성품은 운명을 결정한다.

삶을 변화시키려면,
자기의 생각을 조정, 통제하여야 한다.

생각은 내 안에 숨겨져 있는 나이다.

우리의 운명은 생각에 의해 결정된다.

믿고, 바라고, 행하면 이루어진다

환경에 적응한다는 것은 생존을 위한 필수조건이다.
기본적인 생존을 위한 적응을 거쳐
환경을 발전적으로 개선하는 노력을 기울여야 한다.
적자생존의 기반 위에
미래를 위한 발전의 노력이 기울여져야 한다.

비온 후 환경이 새로운 변화를 위해 바뀌듯이
모든 발전적인 변화에는 변환점이 존재한다.
비온 뒤 산자락을 타고 하늘로 오르는 흰 수증기를 보고,
뭉게구름의 높은 하늘을 연계시켜야 한다.

모든 행위나 생각에는 주객이 전도되는 일이 일어나지 않도록
항상 점검 점을 두어
"왜 이래야 하는가?"
"왜 지금이어야 하나?"

"이것이 옳은가?"를 점검하고 가야 한다.

모든 생물은 태어나서 죽음에 이르기까지
나름대로 환경변화에 기여한다는 것을 알아야 한다.

믿고, 바라고, 행하면 이루어진다.

물질세계와 정신세계는 시한부 짝이다.
그 경계점에는 유신론과 무신론의 논쟁의 대상이 쌓여 있다.

인간은 유한한 한정된 존재로서 물질문명의 끝물이다.

현실의 고통을 잊기 위해서 여러 가지의 대응이 나오는데
그중에 제일 큰 것은 내세를 내어 이생을 정리하는 것이다.

현실로 표시되는 물질세계와 정신세계를
틈틈이, 구석구석 비교해 보면,
세상은 기적으로 가득 차 있음을 알게 된다.

대중적이고 인기 폭발하는 군중 속에서 느끼는
적막감과 고독감은 현실과 미래의 교착이다.

말과 생각은 행동으로 표출된다

머릿속에 느낌을 만들어 주면
그 내용에 반응한다는 것이 파블로프의 조건반사설이다.

말과 생각이 사람의 머릿속에 들어가면,
일차적으로 분위기라는 결과를 반응하고,
다시 그 분위기에 해당하는 행위적 반응이 나타난다.

항상 감사하는 언어,
즐거운 언어,
베푸는 언어'
생동력 있고 미래지향적인 언어,
상대를 먼저 생각해 주는 언어를 사용해야 한다.

언어는 관념을 만들고,
자기가 만든 고정관념은,
자신을 관념의 감옥에 가두어 놓고,

자신이 만든 감옥을 전체라고 생각한다.

마음속에 힘, 능력, 여유를 가지고 있으면,
걱정과 근심, 두려움에 사로잡히지 않고,
겸손함을 보여주고,
긍정적인 사고를 하게 된다.

긍정적인 사고는 긍정적인 결과를 불러오고,
부정적인 사고는 부정적인 결과를 불러온다.

힘과 능력과 여유가 없는 겸손은 비열함이 될 수 있다.

걱정, 근심?
하늘에 맡기자.
즐거운 것만 찾아 챙겨도 시간이 모자라는 데…

하루하루는 감사함의 연속이다

이론은 멋이 없어서 마치도 건축물의 주 골격기둥과 같다.
주춧돌 위에 세워진 기둥에
다양성과 편의성의 살을 붙여 아름다운 건축물이 된다.
마찬가지로 이론은 실제 적용을 위한 옷 입히기를 해야 한다.

하루하루는 감사함의 연속이다.
눈뜨고 다시 건강한 잠을 청할 수 있음에 감사하고,
더욱이 눈을 감고 잠들어서 이 세상을 떠난다면
그만큼 더 큰 행복은 없다.

모든 생물은 각기 나름대로의 특성과 생존본능을 가지고 있다.
어떠한 환경에, 어떻게 임하게 되느냐에 따라
거기에 다시 적응하기 위한 노력이 있어야 한다.

인간은 타 생물, 동물, 식물에 비해
자기의 삶의 주변과 여건을 수시로 광범위하게 변화시킨다.

자연을 정복한 인간은
그만큼 다양한 적응의 노력과 극복을 잘 이루어 낸다는 것이다.

하루, 한 계절, 일년이 변화하듯이
자기자신을 계속적으로 변화시키고
또 주변환경에 적응하는 변화의 노력을
의식적으로 하여야 한다.

무관심, 무의식적인 행동은
나의 잠재적인 생각, 정신의 나타남이라는 것을 알고,
나 자신에 대한 관찰도 가끔씩 행해져야 한다.

친구란 나 자신에 대한 나의 본성에서 벗어나고,
나보다 좋은 점들을 찾아 수정하기 위한 참조의 대상이다.

내가 나를 알고, 수정하기 위해서는
많이 보고, 깊이 생각하고,
또다시 돌아보는 과정을 반복하여야 한다.

죽음이란 언제, 어디서 맞을지 모르지만
오늘을 살고 잠자리에 들면서
죽음을 눈앞에 두고 정리하며 살아야 한다.
즉 매일저녁 육과 영의 분리를 맞을 수 있다는 사실을
한시도 잊어서는 안 된다.

내 육과 영은 죽어도 살고, 살아도 죽을 수 있음을 알아야 한다.

인생의 모든 것, 인간이란 존재의식의 모든 것을
내 육체에 남겨두고
내 영의 세계로 가는 것이 해탈이다.
그것은 매일 저녁 기대할 수 있는 것이다.
세상사에 욕심부릴게 없다.

독재자는 자신을 위해 모든 것을 도구화하고,
성인은 자기 이외의 타인을 위해
자신을 아낌없이 희생하는 것이다.

내가 제일 귀히 여기고 값진 것들을
남에게 베풀어 확실한 나의 것으로 만들어야 한다.

나 한 사람이 베푸는 것은
많은 사람이 죽고 살 정도의 축복으로 나타날 수 있다.

나의 마지막 죽음의 날에는
물질적인 것은 내 육신과 함께 세상에 남겨져 버려질 것이나
내 영은 나의 것으로 영생의 길을 간다.

나의 정체성을 잃지 말아야 한다

모든 일은 반복적으로 수시로 일어난다.
친근감을 가지고 넉넉한 대응을 하여야 한다.

새로운 것 같아도 과거를 돌아보면
새로운 것이 아니라는 것을 알게 된다.
평소에 친근감을 가지고 대하는 습관이 매우 중요하다.

남이 나를 객관적으로 보고 판단하듯이
나 자신을 수시로 객관적인 입장에 내어놓고
비쳐 보는 습관을 가져야 한다.

나에게 자연스럽게 객관적인 판단을 하여 말해줄 수 있는
주변이 꼭 있어야 한다.

무더운 여름도 때를 따라 오고 가듯이
힘들거나 값진 일들도 때를 따라

내 곁을 스쳐 지나감을 알아야 한다.

남을 고려하고 위하는 것은
내 자신의 환경과 입지를 마련하는 것이다.
더 나아가서는
인간은 사회적 동물이라는
생존의 원리원칙을 인정하고 지켜주는 것이다.

내가 나에게 할 수 있는 것은 베풂의 덕을 쌓아주는 것이다.

"내가 누구인가?" 나의 정체성을 파악하여
"자아상실"하지 말아야 한다.

다가오는 일은 도피하지 말고 정면대응으로 대응하여
나의 것으로 만들어야 한다.

나 자신에 대한 인생의 결정은
긍정적이고, 도전적으로 만들어 돌파하여야 한다.

주변의 모든 환경은 정신적인 압박으로 느낄 수 있다.
그것을 돌려 긍정적, 주관적으로 받아들이면 활력소가 되고
육체의 면역소가 증가하여 더 쉽게 극복한다.

환경의 오염은 뒤집으면 좋은 거름이 있는 자연이다.

나 자신의 스트레스를 이기려면
베풂의 자세와 연계되어야 한다.

내가 하늘과 이웃을 주관적으로 사랑하여야 한다.

종교는 창조주를 믿고, 나를 축복하여야 한다.

나를 나되게 하기 위한 주제파악을 수시로 하여야 한다.

내일은 없다

모든 일은 오늘이 시간을 시작점과 끝점으로 생각하고 신중하게
그러나 신속하게 결정하고 실행해 나가야 한다.

우리에게 내일은 없다는 절박한 생각으로 하루하루의 일을
맞이하고 처리하여야 한다.

내가 오늘 거머쥐고 있는 것은
내 의지로 거머쥐고 있는 것이 아니라는 것을 알고
빨리 풀어 놓을 곳을 찾아 풀어 놓고
홀가분한 빈손이 되어야 한다.

재물이란 매우 소중하고 필요한 것이지만
그것이 나 자신이나 어느 개인을 위한 것이 아니라
나를 중심으로 이루어지는 사회와 그 구성원을 위한 것이다.

내가 나로부터 자유로워지려면

나에게 밀려오는 물욕으로부터 나를 떨쳐 내어야 한다.

소유의 개념에서 있고 없는 것은
소유자를 내가 아닌 주변으로 확대하면
환경 좋은 곳에서 즐기며 사는 것과 같이
내가 모든 것을 가진 것으로 된다.

내 손안에 있는 작은 것을 주변을 향해 베풀면
그것은 두 배, 네 배, 열 배의 가치로 확장된다.
그것을 더 크게 자라도록 베푸는데 인색하지 않아야 한다.

곰곰이 생각해 보면 내가 가지고 있는 것은 차고 넘치도록
충족하다는 것을 알게 되고
이것으로 항상 감사하는 마음을 가져야 한다.

나에게 주어지는 고통, 괴로움, 궁핍은
나를 더 건강하고, 즐겁고, 부유하게 해주는 정신적인 선물이다.

나의 양심은 내가 얼마나 값없이 받은 모든 것들을
세상을 향해서 갚으려는 노력을 하느냐 하는 것이다.

어려운 일을 당하면 나를 돌아보게 된다.
그러기 전에 자신을 돌아보아야 한다.

변화에 적응하는 의욕을 가져야 한다

모든 것은 변한다.
그 변화를 느끼고 못 느끼고는 나의 환경과 자세에 달려 있다.
변화에 대한 적응의 적극성과 의욕을 가져야 한다.

내 주변의 변화는
긍정적으로, 당연한 것으로 보는 자세를 가지고
관찰하고 받아들여야 한다.

나를 이끌고 가는 변화의 물결은 가끔은 그 진로를 바꾸어 주면
더 좋은 기회의 계기들이 다가오고 지나감을 알게 된다.

나는 내가 원하건, 원하지 않건 변화의 물결을 타고 가고 있으며
기왕이면 의도적이고 긍정적으로 적용하며 타고 가야 한다.

변화란 다양한 형태로 나타나기 때문에
느낌이나 관찰의 시간적 기준을 잘 잡고 관찰해야 한다.

때로는 시간에 관계없이
그 모양이나 내용, 질에서 변화를 느낄 수도 있다.
그런 때는 시간에 대한 변화의 개념은 빠지거나 약화된다.

내가 가지고 있는 재물 중 가장 큰 재물은 인적 자원인 人福이다.
인간이라는 자산은 내 자신에 의해서 복되게도 해되게도 한다.

착하고 선함은 주변에서 인정해 주도록
내가 앞장서 주는 역할을 해 주어야 한다.
세상은 착하고 선한 사람을 대수롭지 않은 희생물로 생각한다.

내가 나를 합리화시킬 때도
세상으로부터 조롱당할 일에는
자신의 입장, 위치를 확인시켜 줄 필요가 있다.
나는 내 자신이 지켜 주어야 한다.

남에게 베푸는 내가 되면 나의 존재 자체가 복 받음이다.
내가 받은 복은 나에 의함이 주이지만
주변에 의해서일 수도 있다.

오늘 일은 오늘로서 정리하여야 한다

오늘 일은 오늘로서 정리하여야 한다.
내일로 연계되는 일은 멀리멀리 느긋하게 계획하고
나 이외의 사람이 쉽게 처리할 수 있도록 하여야 한다.

세상의 모든 것은 주인이 정해져 있는 것이 아니다.

내가 물욕을 가지면 한없이 가난해지고,
모든 것을 베풀면 마음과 몸이 한없이 풍족해진다.

항상 살아가면서
나는 영원한 세월 중
지금의 이곳에 잠깐 거쳐 간다는 것을 확신하여야 한다.

내가 나를 항상 믿어 주고 자신감을 심어주며
나를 위한 욕심에 빠지지 않도록 챙겨 주어야 한다.

내가 일생을 살아 가면서는 나이에 따라,
처하는 환경에 따라 변화를 주고,
세 살 버릇이 여든 가는 일이 없도록 변화를 맞아 적응하는
변신이 있어야 한다.

소시적 일은 잊어서는 안되지만 그에 매여서는 발전을 못 한다.
과감히 뛰쳐 나가야 한다.

내가 세상을 살아감에는 나 자신을 솔직하고, 바르게
있는 그대로 내어 놓을 줄 알아야 한다.

나에게 다가오는 일들을 이해하고 대응을 준비하면
즐겁고 자신 있는 생이 있으나
그렇지 못하면 무력감, 고독감, 두려움에 쌓인다.

열등감, 죄책감으로부터 벗어나야 한다.

일단 가기로, 하기로 마음먹었으면
만사를 제치고 밀어붙이는 혼신의 노력을 부어야 한다.

"졸속"은 무대응만 못 하다

문제를 보았을 때는 먼저 판단을 유보하고 그 안과 밖, 그리고
그 원인과 해결방안을 고루 보고 반응 내지는 대응하여야 한다.
"졸속"은 무대응만 못 하는 경우가 많다.

내가 나를 믿고, 통제하고, 바로 세우는 것은
나 자신이 사회와 어울려 살게 하는 기본 자세이다.

삶의 목표를 세우고, 그 목표를 향해 노력하는 삶을 살아야 하나,
그 목표를 내세워 다른 현실을 기피하거나 비하해서는 안되고
그 목표는 먼 장래를 향해 꾸준히 개량되어야 한다.

세상의 모든 구성요소는 각각의 기능과 필요성을 가지고 있다.
단지 적재적소를 찾고 못 찾고의 차이가
세상에서의 가치를 눈에 띄게 또는 외면당하게 만든다.

수시로 나의 生과 역사의 순간을 점찍어 챙겨볼 필요가 있다.

계절에 따라 산천초목이 자태를 바꾸듯이
주어지는 환경에 따라 나를 변화, 적응시켜야 한다.

모든 일에 노출되었을 때는 폭넓게 깊이 헤아려,
거짓과 진실, 선과 악을 구별하기 위한 정신적,
나아가서는 영적 분별력으로
사이비에 대한 분별력이 길러져야 한다.

생각은 깊게, 판단은 신속하게 하는 습관을 가져야 한다.

살아감에는 일에 대한 판단의 두려움보다
베풀어가는 사랑의 기쁨이 주가 되어야 한다.

내가 하루하루 살아감은 내 육신이 아니고
내 영임을 알아야 한다.

안 보고 마음으로 믿어야 한다

보고 믿어 주는 것보다 보지 않고
마음으로 확인해 주고 믿어 주어야 한다.

세상은 시기에 따라, 장소에 따라
계속 변화하며 흘러가는 것을 감안하여
오늘을 내일로, 이것을 저것으로
바꾸거나, 미루지 말고 그때그때 감당하고 가야 한다.

나에게 주어진 것, 가진 것, 그리고 다가오는 것을 챙겨보면
감사할 일들만 줄 서 있다는 것을 알게 되고,
그 중에서 남을 위해서 챙겨서 베푸는 것만이
값진 내 것으로 만든다는 것을 알아야 한다.

내가 나의 미래를 위하여
재물이나 돈을 챙기는 것은 부질없는 욕심이다.

오늘 하루 삶에 감사하며 내일을 살아야 한다.

나만이 알고, 나만이 느끼는 것은
나에게만 주어진 베풂을 위한 축복임을 알고,
베풂의 기회를 놓치지 말아야 한다.

기다림이 있다는 것은
소망을 가지고, 보랏빛 미래를 기대한다는 것으로
의욕이 있다는 것이다.

기다림은 따뜻한 마음을 가지게 하고,
만남의 기쁨을 주는 소망과 성취의 시작과 끝이다.

겸손하고, 온유 다정다감하며,
베푸는 자의 자세로 생활하여야 한다.

빙그레 웃음 속에는
대견함의 너그러움과, 부정적인 비웃음의 내용이 담길 수 있다.
항상 긍정적인 베풂의 미소를 날려야 한다.

애통하고 절망하는 자의 편에서
절망과 애통함을 느낀 후에 위로를 베풀어야 한다.

내가 나를 항상 점검하고 다스려야 한다.

인간은 창조물 중 최고의 걸작품이다

모든 것은 그 용도와 역할이 주어져 있음을 감안하여야 한다.

날씨가 변하며 극성스러워도 지나가는 현상일 뿐,
원래의 형태를 따른다는 것을 알고 기다려 주어야 한다.

기다림은 미래를 향한 가장 좋은 발전의 씨앗이고 희망이다.

내가 나를 잘 모르듯이
주변에서 일어나고 가까이 다가오는 것은
무의식 중에 대치할 수 있도록
여유 있는 생각과 기다림을 가져야 한다.

내가 나에게 주어진 것을 챙기고 챙기면
감사할 일만으로 가득 차 있음을 알게 된다.

남과의 비교는

내가 넘치는 것을 베풀어 주기 위한 비교여야 한다.

인간은 천상천하의 창조물 중 최고의 걸작품이다.
육체는 물론 정신세계와 가상현실까지도
인간을 모델로 설정될 수 있다.
그러므로 이 인간에서 모든 것을 찾아낼 수 있다.

모든 것이 골고루 존재해도
사용기능은 자기가 필요한 기능에 한한다.

인간이라는 걸작품을 분석해 내기 위한 노력이
시대를 두고 과학, 철학, 사회학 등 모든 분야를 거치며
과학자, 철학자, 사회학자 들에 의해 탐구되었으나
답은 얻지 못했다.
결국은 종교라는 절차를 거쳐 신에게로 간다.
인간에 대한 창조와 변천의 매뉴얼이 성경이다.

앞서가는 사람은 항상
다른 사람들의 문제점들을 해결해 주는 역할을 해 주어야 한다.

내 마음의 한가운데에 돈, 명예, 욕심이 아닌
사랑, 감사, 나아가 나의 신을 굳게 세워 놓아야 한다.
이럴 때 세상에서는 심지를 곧게 세웠다고 한다.

건강은 내가 일하고 섬기는 만큼 따라온다

순수함이란 근본을 지킨다는 것이다.
그러나 그 순수함에 항상 발전적이고 베풂 지향의 변형을 주어
재생산하여 밖으로 내어 보내는 생산적인 변화를 주어야 한다.

세상에 유사한 일은 많아도 실제로 같은 것은 없다.
다 그 각각의 특성과 역할을 가지고 존재한다.

있을 때라고 느낄 때는
베풀어야 할 만큼 나로부터 재생산이 완료되었다는 것이다.

붙잡고 있으면 퇴색되는 소유와,
가치가 증폭되어 재생산되는 소유가 있다.

사랑은 태초로부터 인간을 비롯한
생명이 있는 모든 피조물에게 주어진 것이다.
받은 사랑을 내리 베풀어야 한다.

내가 나를 위한 가장 값진 방법은
이웃과 사회를 위하여 봉사하고 베푸는 것이다.

건강은 내가 일하고 섬기는 만큼 따라온다.

돈이 많으면 많은 일을 할 수 있다고 생각하는 것은 잘못이다.
많으면 거치는 데가 많아서 더 어려워진다.

내가 항상 생각하는 것은 현재의 나와 현재의 주변이고
그에 어울리게 사명을 추출해 내어야 한다.

나 자신에게 시간과 때에 대한 질문을 수시로 하여야 한다.

살아가면서 기다리고 기대되는 꿈을 가지고 있어야 한다.

내가 누구이며, 왜 여기 있고, 어디로 가야 하나?

물질적 축복은 한시적이고,
영적 축복은 영원하다

내가 세상을 살아가는 것은 이웃에, 과거의 사람들에게,
그리고 후세의 사람들에게
근본적으로 빚을 지고 있다는 것을 인정하고
빚진 자의 겸손한 삶을 살아야 한다.

나를 위하는 것이 나라와 나아가 전 세계를 위하는 것이 되는
삶을 살아야 한다.

맑은 날, 비 오는 날은 그에 맞는 생활적응이 필요하듯이,
내게로 다가오는 나의 생은
그것을 최대로 수용하는 삶이어야 한다.

비가 오면 우산을 챙기기에 앞서
단비를 기다리는 마른 나무에 물이 주어지는
자연을 생각하여야 한다.

내가 나를 표현하는 가장 좋은 방법은
있는 그대로를 자연스럽게 보여주며 살아가는 것이다.

세상에 태어나는 것은 원죄라는 형태의
근본적인 빚을 지고 난다는 것을 인정하고,
이를 갚기 위한 일생의 노력을 통한
채무의식의 활성화가 필요하다.

내가 나 자신에게는 물론 세상에 자신 있는 것은
나의 정성과 노력을 다하여 살아가겠다는
나의 약속의 자세뿐이다.
그 약속은 시도 때도 없이 점검되어야 한다.

내가 살아간다는 것은 생각하는 삶이어야 하고,
생각이 없는 삶은 죽음이라는 것을 알아야 한다.

판단은 내가 할 일이 아니므로 하늘에 맡기고,
나는 주변을 향한 한없는 축복의 베풂을 그치지 않아야 한다.

정신적인 빚은 사명감으로 승화시킬 수 있고,
영적인 채무의식은 축복이고 감사의 근원이다.

물질적 축복은 한시적이고, 영적 축복은 영원하다.

첫 경험이 평생 간다

모든 일은 주어지는 순간에 처리하여야 한다.
처음에 대하고 느끼는 것이 가장 순수하고 진실한 것이다.
소위 말해서 선입견이 개입되지 않은 것이다.
주변과 자신의 입장, 그리고
연계되는 것들을 생각하기 시작하면
순수하고 온전한 뜻이 퇴색된다.

일을 할 때는
결정하기까지 신중히 하고, 결정하였을 때는 밀어붙여야 한다.

내가 하는 일은 나의 능력을 감안하는 조정이 가끔 필요하다.
욕심과 방심은 마찬가지의 금물이다.

내가 나를 잘 모르거늘
앞으로 오는 일이나
특히 남의 일에 대해서는 안다고 나설 수가 없다.

모든 일은 내가 아는 한도에서,
나의 능력에 맞추어서 적극적으로 임해 주어야 한다.

내일 아침을 못 볼지도 모르지만
사는 것은 외골수로 집착을 가지지 말고,
멀리보고, 넓게 보아야 한다.

문제에 부딪쳐 주춤하고 섰을 때는
자신의 주제파악부터 하여야 한다.

인간에게는 탐구심으로 노출되는 선천적인 창의성이 있다.
그 창의성은 여러 가지 형태로 나타난다.
때로는 관심으로, 때로는 욕심으로,
때로는 독점을 위한 행동으로 나타난다.

온전한 교육은 모태교육에서 시작하여 아빠의 가훈교육,
그리고 사회진출을 위한 정규교육과 사회교육으로 이어진다.

우여곡절, 모진 풍파를 이겨내며 생존해가는
식물이 맺은 열매는
모든 주변환경을 품고
어엿이 모르는 듯이 승화시키고
그때그때의 새로운 환경에 맞추어 살아간다.

첫 경험, 첫 마주침, 처음 만난 사람 등 처음이 오래간다.

인생의 가치 있는 계기는 어려움에
부딪쳤을 때 다가온다

내 주변, 가까운 이웃에서
끊임없이 일어나고 있는 일들을 자세히 보면
하나하나가 기적이 아닌 것이 없고,
그 하나하나에서 하늘의 신비함을 느끼지 않을 수 없다.
그저 그 가운데 있는 나는 감사할 따름 다른 표현이 있을 수 없다.

나를 챙겨 이웃을 돌아보면,
감사할 일들과
갚아주고 베풀어주어야 할 일들만 가득함을 보게 된다.

시간이 가고, 나이가 드는 것은
나를 일깨워 게을러지지 말고,
챙기고 베풀 일들을 놓치지 말라는 것이다.

주변이나 주위에 대하여 섭섭함을 느끼는 것은
나 자신이 나를 위한 이기적인 바램을 가지고 있다는 것이다.

내가 나를 챙기는 것은 한시가 아쉽게 선결할 일이다.

내가 알게 모르게 남에게, 주변에게 책임을 전가하지는 않는가
항상 점검하고 돌아보며 살아야 한다.

타성에 빠진 관행을 점검해 보는 기회를 가져야 한다.

내 인생의 가치 있는 계기는
내가 어려움에 부딪쳤을 때 다가온다.

내가 괴롭고 고통스러워할 때는
항상 하늘이 지켜보고 있음을 알아야 한다.

괴로울 때나 즐거울 때나 한결같이 하늘이 지켜보고 있는데,
어려움을 당했을 때에만 하늘에 기대고 알려고 한다.

어려움을 당해보지 않으면 진정한 나, 주변을 모르지만
그것을 거치고도 잊어버리며 살아가는 것이 대개의 경우이므로
그것을 가끔 챙겨 부활의 기쁨을 느껴야 한다.

모든 것은 죽음이 매듭을 짓지만
그것은 살아가고 있는 나의 모든 것이고
내세를 기대하고 믿는다면
죽음은 매듭이 아니고 새로운 시작이다.

모든 일은 적절한 절제를 동반시켜야 한다

세상을 살아감에는 나 자신이
그 세상의 바람직하고 필요한 구성요소가 되었을 때
그 세상에서 살아갈 수 있다.

내가 나를 이해하고 여러 가지로 확인하는 일을
수시로 점검하여야 한다.

하루의 날씨와 계절이 변하듯이
모든 것은 그대로 있지 않고 반복해서 변한다.
그 변화에 나 자신을 발전적으로 적응시키며 어울려야 한다.

모든 일은 주변환경에 어울리고, 그 변화의 중심에 내가 서도록
의식적으로, 그리고 무의식적으로
맞추어 가도록 노력하여야 한다.

세상 사람들에게 내가 어떻게 보여지고 있는가를

가끔씩 여러 가지 방법으로 확인하고 수정하여
어울려 사는 기본환경이 이루어지도록 하여야 한다.

모든 일은 긍정적인 측면과 부정적인 측면의 양면을 가지고,
그 양면은 빛과 그림자이므로
내가 관심을 가지고 보고 지켜야 할 것은 긍정적인 측면이다.

믿음은 타인이나 주변에 대한 믿음이 아니고
나 자신에 대한 믿음이고 혼신을 바쳐 믿어야 한다.

적절한 별명은 그 사람을 통틀어서 전체를 표시해 줄 수 있다.

내가 행동하고 표현하는 바탕에는
긍정적인 여유와 사랑의 배경이 있어야 한다.

내가 보고, 듣고, 느끼고, 생각하는 것은 나의 경험,
나의 주변을 기반으로 이루어지는,
나의 한계를 벗어나지 못하는 것임을 알고
수시로 제삼자의 생각과 환경을 비교해 보아야 한다.

모든 일은 적절한 절제를 동반시켜야 한다.

모든 삶은 기다리고, 구하고,
찾는 삶이어야 한다

세상에서 어려운 일은 그 보는 방향과 대하는 자세에 의해
더욱 어려워지거나 쉽게 풀리는 계기가 마련된다.

내가 나에게 맡겨진 모든 것들을
확인하고 활용하거나 필요한 곳에 다시 베풀지 못하면
무용지물로 묻혀서 버려진다.

날씨가 하루하루, 한계절 한계절 변하듯 모든 것은 변하고,
그 변화는 계절이라는 순리를 따라
다시 나에게로 되돌아온다는 것을 알고,
다시 돌아옴을 맞을 때는 발전되고,
베풂 지향적인 새로운 마중이 되어야 한다.

내가 볼 수 있는 곳, 때, 그것은 나의 삶의 영역이고,
나의 생의 능력이다.
폭넓게 깊이 생각하고 실천하며 긍정적인 삶을 살아야 한다.

눈에 거슬리는 다른 사람의 행동이나 표현이 보이면 그것은
나를 그러한 부정적인 구렁텅이에서 빼어낼 수 있는 기회가
나에게 주어졌음을 알고 나를 챙겨야 한다.

시간이 갈수록 몸과 마음의 일치가 어려워짐을 알고
언행일치는 물론 내 생각과 행동이 표현을 통하여 일치되도록
챙기며 노력하여야 한다.

나는 내가 알 수 없는
내 생의 최대의 미스터리임을 알아야 한다.

내가 쉽게 남에게 베풀 수 있는 것을 챙긴다면
그것은 "봉사"이다.
봉사는 금전적인 봉사에서 가장 값진 노력봉사이다.

모든 사람의 마음과 생각은 얼굴에 나타나 있다.
그러나 그 사람의 마음은 일정치가 않다.

예쁘고, 착한 것은 인간의 기본이다.
단지 색안경을 끼고 볼 뿐이다.

인간을 보려면 옷 입은 외양에서
그 속의 마음의 알몸을 보아야 한다.

모든 삶은 기다리고, 구하고, 찾는 삶이어야 한다.

믿음은 기다림의 연속이고
새로운 기다림의 예약이다

세상에는 자기에게 맞지 않는 탈을 쓰고
그 자신을 모르며 살아가는 사람들이 너무나 많다.
구별하여 대해야 한다.

내가 나 자신을 돌아볼 때는
나에게 딸린 부수적인 일과 연계관계도
함께 점검해 보아야 한다.

오늘 하루 장맛비를 멈추고
햇빛이 반짝하여 식물이 활짝 고개를 들 듯이
우리 환경은 수시로 변하며 기복을 가지지만
우리는 그에 맞게 적응하는 대응책으로
끊임없는 변화를 자연스럽게 받아들이며 살아가야 한다.

기다림이란 순수할수록 좋고 값지다.
특히 예약되었거나 결과가 기대되는 기다림은 축복이다.

믿음은 기다림의 연속이고 새로운 기다림의 예약이다.

제한된 용도나 양의 자료를 여유 있게 사용하는 지혜와 용기,
그리고 너그러움을 가지고 살아야 한다.

내가 나에게 맡기는 모든 것은 최종용도가 되어주면서
베풀고 끝낼 수 있어야 한다.

먹고 마시는 것은 겉으로 보기에는
모두 동일하고 평범해 보이나
그 속을 보면 너무나 큰 차이가 있다.

모든 일은 한번에 그치는 일이 없다.
같은 일이 몇 번이고 다가오고
그것에 무의식적으로 대응하며 살아가고 있음을 알고
한번 두번을 거치며 지혜롭게 대하는 경력을 쌓아야 한다.

나를 주위에, 남에게 아낌 없이 맡길 수 있는
주변환경을 조성하며 살아가야 한다.

나의 모든 것은 이미 하늘에 새겨져 있고
현재는 그 과정중의 일부이고
그러나 그 내용은 노력과 주관에 의해 변경될 수 있다.

나는 나답게 살아야 한다

세상은 한없이 넓고,
무한한 창조물로 채워져 있고,
모든 창조물은 질서정연하게 자연환경을 만들어가고,
나를 포함한 모든 인간과 동식물도 그 구성 요건 속에
조화를 이루며 존재하고 있음을 알고,
감사에 감사를 더할 수밖에 없음을 알아야 한다.

오랜만에 만난 이웃과 옛 환경을 되살리며
오늘의 나를 감사하고 또 내일을 허락해 주심을 감사해야 한다.

내가 알고 챙기는 것은 세상의 극히 일부분으로,
무궁무진한 가능성을 가진 조건에서
내게 필요한 것만 택하는 것이다.

사람은 모든 것을 자기 기준으로
자기 수준에서 생각하고 판단하기 마련이다.

그 판단의 결과에 따른 반사행동은
그 사람의 수준과 처해 있는 환경요소를 보여준다.

가까운 사람일수록
나에 대한 그림자가 분명히 비추어지도록 하여
잘못된 환상이나 과장된 인상을 심지 않도록 하여야 한다.
주변과 접하는 순간순간
그 시점의 현실과 명명백백하여야 한다.

시장판에 나가는 것은 그곳에 있는 모든 것을
나의 소유로 만들 수 있는 가능성이 활짝 열려 있기 때문이다.
더욱이 돈이라는 매개체를 기준으로
새로운 것에 대한 희망과 기대까지도 갖출 수 있는 가능성이
활짝 열려 있기 때문이다.

나의 생각, 행동,
그리고 주변과의 사회생활을 긍정적으로 인정해 주는
나 이외의 동조자는 큰 재산이다.

살아 있다는 것은 계속적으로 생산활동을 하는 것이다.

할 일이 없다는 것은 죽음을 맞는다는 것이다.

작품은 조각과 요소들이 모여서 한 개의 종합작품이 된다.
그 작품 중 가장 걸작이 인간이라는 작품이다.

하늘은 모든 인간에게 걸작을 창조하는 능력을
본능이라는 형태로 부여하였다.

살아 있음을 즐거워하는
첫째는 좋은 사람들과 어울려 맛있게 즐겁게 감사하며
좋은 사람들과 먹고 마시는 것이고,
둘째는 자신을 아름답게 꾸미고,
세 번째는 사랑하는 일이고,
사랑은 가까운 데서부터 번져 나간다.
네 번째는 손을 움직여 일을 하는 것이다.

나는 나답게 살아야 한다.

세상엔 챙길 일이 많다

세상은 관심을 가질수록 할 일과 챙길 일이 많아진다.
군중 속으로 들어가 내가 도울 수 있는 방향과 대상을
항상 염두에 두고 베풀어야 한다.

내가 나를 챙기기도 힘들거든 남을 챙기는 것은 더욱 힘들다.
남에게는 심사숙고하고 조심스럽게 챙겨주어야 한다.
일단 챙기기로 했으면 전적으로 베풀어 주어 버려야 한다.

베풂에는 자립의 기초를 줄 수 있는
근본을 마련해 줄 수 있는 것을 가장 기본으로 하고
내가 기대하고 예상하는 최선의 결과가 되도록 베풀고
그 후에는 멀리서 내 자신의 결정에 대한 반성과 개선을 위한
제삼자적이고 객관적인 관찰적 판단을 해야 한다.

내가 나를 객관적으로 유지시키는 것이 가장 어려운 일이다.

내 주변의 약한 자들과
불우한 이웃을 항상 염두에 두고 살펴야 한다.
정신적인 도움에서부터 물질적인, 그리고
전반적인 도움을 준비하여야 한다.
그러나 자립심을 죽이는 도움은 피해야 한다.

내가 남을 돕는 것은 내 주변 현장을 제일 먼저 돌아보고
그 현장을 넓게 넓게, 멀리멀리로 확장해 보아야 한다.

도덕적으로 부패되고 타락한 사회에서
성스러움과 거룩함이 싹트고 자란다.
이것은 식물이 사계절을 타며
싹트고 크게 자라서 열매를 맺고 스러져 죽음과 같다.

충실한, 발전적인 현대화를 주창하고 믿었던
모더니즘(Modernism),
그리고 그 뒤를 이은 포스트 모더니즘(Postmodernism)은
자기가 잘난 것을 주창하며,
자유주의와 방종, 방만의 극치를 불러일으키고 있다.

콩 심은 데 콩 나고, 팥 심은 데 팥 나는 것과 같이
내가 나를 제대로 다스려야 한다.

내가 가진 모든 것은 내 것이 아니지만

가장 소중한 것이라는 것을 알아야 하고,
그것은 남에게 베풀었을 때
확실한 내 것이 된다는 것을 알아야 한다.

세상이 변하는 것은 대자연의 변화의 일부라는 것을 인정하고
봄, 여름, 가을, 겨울에 따라 옷을 갈아 입어 변화를 극복하듯이
정신적인 내용, 행동, 반응도
그 변화에 적절히 적응하는 습관을 길러야 한다.

윤년이 있고, 윤달이 있듯이
내 인생을 살아가면서 보편적이고 통상적인 나를
가끔은 탈피하여 변화를 주고 면밀하게 조정해 줄 필요가 있다.

항상 내가 나를 관찰하며 살아야 한다.

내 인생은 긴 역사를 통해 보면 한 점에 불과하고,
이생에서 영생을 향해 거쳐가는 한순간이다.

내 주변에 대하여 관심을 가져야 하고,
그 관심의 대상이 생물일 때는 표현을 해주어 확인시켜야 한다.
생물의 범위는 무한히 확장될 수 있다.
먼 산에다 감사의 표시를 하여도 반영이 오는 것을 알아야 한다.

생각은 현실을 바꾼다

생각은 현실을 바꾼다.
물리적인 현실은 그대로 존재해도
그 느낌은 사람에 따라 천차만별로 달라진다.

예쁘고 좋은 가로수 길을 사진을 찍어서 보면
보았던 예쁜 내용은 찾을 수가 없거나
예전에 몰랐던 아름다운 풍경을 보는 데서 우리의 감정, 정서가
우리의 느낌을 얼마나 크게 좌우하는지를 알 수 있다.

내가 나도 모르게 선을 행하고 베푸는 습관이
내 생활에 배어나도록 해야 한다.
나는 아직도 풀어서 베풀어 주어야 할 것들이 많다는 것을 알고
챙겨서 풀어야 한다.
그냥 보면 쓰레기가 되고,
노력을 들여 챙겨서 다듬으면 훌륭한 선물이 된다.

가을비는 가을대로, 봄비나 여름 비나 각각 모두 그 역할이 있다.
단지 자기의 역할을 챙기고 못 챙기는 것은
자신의 책임이고 역할이다.

우리에게 다가오는 자연의 모든 형상은
씨앗이고 동기부여에 불과하다.
그것을 연계로 깊은 생각, 넓은 현실을 엮어야 한다.

똑같은 울타리는 감금의 역할과 보호의 역할로 이용될 수 있다.
어떻게 생각하고 이용하느냐가 문제다.

가정은 가족의 보금자리이면서
세상에서 가장 완벽한 교육장이다.
가족구성원은 각자각자의 역할과 기능이 주어지고
그것을 적절히 챙겨야 한다.

어미, 아비가 자식을 잊어버릴 수가 없듯이
내가 베풀며 세상을 맺으면
세상의 어미, 세상의 아비가 될 수 있다.

아비, 어미는 자식의 아픔을 가슴으로 느낀다.

남에 대한 충고는
내 마음이 시원한 충고가 아니라
애통하며 내 마음이 아픈 충고여야 한다.

지식은 사랑으로 포장하면 지혜가 되고 덕이 되지만
펼쳐 놓으면 교만이 된다.

나보다 나은 자손이 되어 달라는 부모의 바램이
더 나은 이 세상을 만들어 간다.

내가 가진 모든 것은 내가 임시로 맡아놓은 것으로
언제까지인지는 나도 모른다.
단지 베풀 수 있을 때 모두 베푼 것이 내 것이 된다.

지혜와 용기, 분별력이 있어야 한다

무에서 유를 창조하는 새로 태어나기를 거듭하며
항상 초심을 버리지 말고
혼신을 다하는 삶의 변화를 맞아야 한다.

나의 취약점을 찾아 보강하여야 하지만
남의 눈의 티는 보여도 내 앞에 걸친 대들보를 못 보듯이
남의 눈의 티를 보면 내 눈의 대들보를 챙겨 확인하여야 한다.

내가 기억하는 것들은 나를 중심으로 하기 때문에 편향되고
한정적일 수밖에 없으므로
주변을 보고 넓게 세상을 돌아보아 나를 수정하고 확인하는
삶을 살아야 한다.

내가 가지고 있는 모든 것은 임시로 맡아 놓은 것이므로
그 용도나 목적에 맞게 가치를 올려 놓아야 한다.

한번 삐끗하고 잘못하면 그로부터 파생되는
결함성의 현상이나 결과가
연발하여 진행되고 계속된다는 것을 알고
확실에 확신을 기하는 삶이어야 한다.

남의 보는 눈길을 인지하고 튀어나지 않게
있는 듯, 없는 듯 그 바탕을 떠받드는 삶을 살아야 한다.

행하고, 생각하고 따라가면 그것이 자신의 것이 되고,
그에 적응하는 삶으로 연장되고
발전하면은 주변으로 확산시키는 주도적인 역할을 하는
유행의 선두자가 될 수 있다.

세상이 변해가는 것은 강물의 흐름과 같이
지형지세, 일기조건, 자연환경에 의해
그에 적응하는 과정을 거치며 변해가고
거기에 따른 적자생존의 기본원리가 적용된다.

정밀하고 정확한 기계일수록 사소한 결함에 의해
큰 타격을 받을 수 있듯이
인간 삶을 충실하고 확실하게 살아가면
더 많은 사회적 적응의 압력을 받게 되고
이것을 감수하고 극복하여야 한다.

정직한 삶을 이끌어나가기 위해서는 지혜와 용기, 분별력이
있어야 한다.

생각하고 관찰하여 가슴으로 느끼고 마음으로 생각하여야 한다.
그 속에는 거울이 있고, 안경의 역할, 빛과 등불이 있다.

나는 누구이며 무엇을 하며 살고 있는가?

내가 할 일은 무한히 많지만
챙겨야 할 일에는 순서와 종류가 있다.
때에 따라서, 환경에 따라서
그때그때 맞는 일과 순서를 정하고 행해야 한다.

세상에서 큰 소리로 들리는 것, 그리고 요란하게 보이는 것은
그 속내와 진정한 의도를 들여다보고
올바른 판단을 하여 의로운 편에 서도록 하여야 한다.

내가 나를 표현하는 방법은 무한히 많이 있음을 감안하여
한 방향, 한 내용에 골수적으로 치우쳐 외고집 하는 일이 없도록
긍정적인 융통성을 항시 가져야 한다.

내가 하여야 할 일은 시간이나 장소의 제약을 염두에 두지 말고
일 자체와 나의 능력과 현실을 갖다 맞추어 우선 적용하고,
실행하는 행동파가 되어야 한다.

느끼거나 생각해서 못마땅한 일이나 상황이 벌어지면
우선 그 내용이나 배경을 살펴보고
내가 관여할 일인지 아닌지를 판단하여
비껴가거나 기피하여야 한다.

마음속으로 깊이 생각하고, 염원하면 행동으로 옮겨지고
실생활에서 현실로 이루어지고 있음을 알게 된다.

세상에 존재하는 일이나 현상은 무궁무진하므로
편파적이거나 편견적인 것으로 자신을 제한시키지 말아야 한다.

내가 하는 일과 생각하고 있는 것은
"하늘"이 보고 있다는 것을 한시도 잊지 말아야 한다.

나는 누구이며 무엇을 하며 살고 있는가?

창조주는 피조물에게 무한의 자유를 주셨다.

건강한 양심은 나의 지성을 받침한다

인연이란 만들어 가는 것이다.
그 시작점은 시도 때도 없이 무한정 많지만
그 중의 특정한 것을 선택하여
본격적인 내용 만들기가 시작된다.

세상에 못쓸 물건, 못 사용할 시간, 쓸모 없는 장소는 없다.
단지 그것을 접하는 내 자신이 그에 맞는
용도와 시기, 장소를 접붙이지 못할 뿐이다.

공부를 많이 한다는 것은 나에게 접해 오는 많은 한계를 더 많이
생산적이고, 근본적인 방향으로 접목하여,
삶에 활용한다는 것이다.

하루하루를 살아가며 잠시나마 뒤돌아 보고 챙겨서
삶의 내용과 범위를 짚어 보는 것은
더 나은 삶의 자세를 챙기기 위한 과정으로 생각하고

묵상하고 묵념하는 순간을 가져야 한다.

내가 행하고 표현하는 모든 것은
아무리 제삼자적인 객관성을 지키려 해도
내 자신을 기반으로 주관적으로 이루어진다는 것을 알고
주변의 충고나 반응에 귀 기울이고 유념하여야 한다.

오늘 아침에도 잠자리에서 더 달콤한 늦잠을 바랬다면
커다란 건강의 복을 받은 것으로 알고 감사하여야 한다.

내가 이 세상에 다시 태어나도
"나"는 현재의 "나"를 벗어나거나 탈바꿈할 수 없는
"나"일 수밖에 없음을 알고
"나"자신을 잘 섬기는 "나"이어야 한다.

생각하고, 행하고, 올려다볼수록, 감사함밖에는
표현할 방법이 없음을 알고
그 감사함을 온 주변으로 풀어 돌려야 한다.

건강한 양심은 나의 지성을 받침한다.

모든 판단의 기준은 사랑이다.

사랑하면 관심을 가지게 되고 관심을 가지면 사랑하게 된다.

2

향기로운 삶

사랑 안에 잠든 사람은 행복하다

대중 속의 나를 대중에 어울려
특화시켜야 한다

내 마음속에 잠겨 있는 것은 너무나 필요 없이
과분한 것들일 수가 있다.
들추고 펼쳐보아 떨고 정리해가며 살아야 한다.

가장 흔히 저지르는 것이
내가 나도 잘 모르며 다른 것, 남의 것들을 챙기고
참견하려 든다는 것이다.

내가 만드는 작품들은
나의 범위와 한계를 넘어서지 못한다는 것을 알고
나 자신을 높이고 넓히기 위한 노력을 부단히 하여야 한다.

해가 뜨고, 지고, 계절이 바뀌듯
나를 포함하는 내 주변의 환경도 바뀐다.
그러나 계절은 순환된다는 것을 알고
발전적인 순환이 되도록 노력하여야 한다.

대중 속의 나를 대중에 어울려 특화시켜야 한다.

오감에 좋게 느껴지는 것은 사실로서도 좋은 것이 되도록
내 감각기관을 객관화, 현실화하여야 한다.

모든 일은 긍정적인 측면과 부정적인 측면이 있다.
부정적인 측면을 참고하여 개선하고,
긍정적인 측면이 주가 되도록 부단히 노력하여야 한다.

내가 살아 있는 동안에 영적인 치유도 이루어짐을 알아야 한다.

부모자식 간에는 알게 모르게 주고받으며 닮아간다.
그 중 큰 것은 부모가 자식에게 음으로, 양으로,
의식/무의식 간에 내려준다는 것이다.

삼라만상이 돌고돌아 회귀하듯이 모든 현상은 회귀한다.

태어날 때 울며 부모를 원망하다가 자라면서 확인하며
닮아가고,
늙어서 죽어갈 때 부모를 찾고
아버지 어머니의 음성을 그리워하게 된다.

근심과 걱정은 믿음으로
극복하여야 한다

내가 아는 것보다는 모르는 것이 더 많듯이,
내가 세상을 살아감에는 배우고, 따라야 할 것들이
더 많고 끝이 없다.
살아가며 배우고 따르는 것은 주변의 것을 받아
내 것으로 소화시켜야 한다.

가까운 것, 눈에 보이는 것, 쉬이 느껴지는 것부터
내게 맞게 내 것으로 순화시키고,
그것을 바탕으로 멀리, 길게 내어다 보아야 한다.

오늘 못한 일은 내일이 있다.
그러나 내일은 보장된 내일이 아니라
내가 기대하고 희망하는 내일이지,
확고하고, 확보된 내일이 아니라는 것을 염두에 두고
하루하루를 결산하며 살아야 한다.

누구나 가깝고 친하게 지낼 수 있는 친구가 꼭 있어야 한다.
바람직한 가장 가까운 친구는 반려자이다.

내가 주변친구를 가까이 함에는
항상 상호보완이라는 개념을 가지고 상대를 존중해 주고
선의로 이용해 주어야 한다.

내가 나를 남에게 풀어 믿고 맡겨야
주변의 남들도 나에게 가까이 오고 또 경계심을 풀어 놓는다.

무슨 일, 어떤 경우이든 새것을 접하면
그에 대한 판단과 그 판단을 배경으로 적극적으로 받아들여
적응을 위한 노력을 하여야 한다.
적극적이고 긍정적인 수용이 주변환경에 대한 적응이다.

닥쳐오는 모든 일은 긍정적인 측면과
부정적인 측면의 양면을 가지고 있다.
우선적으로 긍정적인 측면을 적극적으로 맞아야 한다.

세상사에는 절대적이거나 불가능한 것은 없다.

걱정과 근심은 미래를 향한 온전한 해결의 과정이다.

근심과 걱정은 믿음으로 극복하여야 한다.

나를 돌아볼수록 경탄하고, 감사하게 된다

세상에 널려 있는 모든 것은 공유물이다.
그 용도에 따라 적절하게 사용하고 그 가치를 높여야 한다.

내가 나를 잘 모르는 것이 너무도 많음을 감안하여
나를 비추는 거울 역할을 하는 사회생활에서
나를 한번씩 비추어 보고 시정하려는 노력을 하여야 한다.

초보적 베풂은 물질적 베풂이고,
베풂 중의 베풂은 축복하여 주는 것이다.

세상재물을 듬뿍 쥐고도
가난한 삶을 사는 사람들이 너무나 많고,
세상재물이 없어도 마음이 부유한 진정한 부자가 많다.

내 주변, 동기, 친척들, 그리고 나와 연계되는 사람들이
나에게서 받는 정신적인 신뢰성을 감안하여

나를 자체평가하고 수정하는 노력을 하여야 한다.

다니던 습관적인 길에서 한 발짝 옆길로 가려면
생소하고 내키지 않는 것이 본질이다.
그러나 더 나은 곳, 더 좋은 것을 향해
부단히 변신하는 노력이 있어야 한다.

오늘의 "나"는 어제의 "나"와 다르고,
또 내일의 "나"와 달리,
발전해 나가는 "나"여야 한다.

"나"의 "나"에 대한 평가는 거울 앞에 서서
내 얼굴을 보면 알게 된다.

"나"는 "나"의 장점을 찾아야 한다.
내 속에서 나의 "마이다스의 손"을 찾아내어,
내가 거친 곳은 복이 넘쳐 흐르도록 하여야 한다.

시간을 축복하고, 공간을 축복하면 온 세상을 축복하는 것이다.

정신적인 것과 물질적인 것을 뒤범벅시키면 기복주의가 된다.

세상을 차분히 들여다보면 무궁무진한 창조주의 능력과
오묘함을 느끼게 된다.

내 주변, 자연환경을 보며,
만물의 영장인 "나"는 얼마나 진지하고
오묘한 조화물인가를 생각하고
나에게 주어진 역할을 생각해 보아야 한다.

세상의 자연만물을 보며, 창조주와 나를 생각하여야 한다.

나를 돌아볼수록 경탄하고, 감사하게 된다.

온유함이란 자기 자신을 절제하고, 통제할 인내를 가지는 것이다

수시로 그리고 새로운 것을 접할 때마다
나를 돌아 점검하고 내 것의 베풂과 관리를 챙겨야 한다.

내가 남에게 베풀 수 있는 것은 조약돌 바닥의 샘물과 같이
퍼낼수록 더 맑고 깨끗한 물이 솟아남을 알아야 한다.

내가 가지고 있는 나에 대한 것은
가끔 남이 보고 확인해 줄 수 있는 기회를
다양한 방법으로 선택하여 확인해 볼 필요가 있다.

나에게 바라는 것이 있다는 것은 행복한 일이고,
그것을 남을 위하여 베풀어 주는 것은
그것의 가치를 몇 배로 크게 하는 것이다.

강가나 바닷가의 배가 썰물에 흉하게
자갈 모랫바닥에 비스듬히 놓여 있으나

다시 물이 들어오면 온전한 모습을 보이듯이
나에게 처해오는 상황을 맞아 인정하고
때를 기다릴 줄 아는 인내심과 수용성을 가져야 한다.

내가 내 몫을 챙기는 것은
사회가 정상대로 돌아가게 하는 촉매의 역할을 하는 것이다.
단지 챙긴 이후의 관리를 개인용이 아닌,
가장 높은 효용성을 가지도록 하여야 한다.

무엇으로부터 탈출하고, 왜 떠나는지,
언제 떠나는지가 중요하다.

내가 나 자신을 돌아보고, "응 나는 괜찮은 사람이지" 하다가
시간이 지나면 "나는 아무것도 아니잖아 !!",
그리고 더 시간이 지나면, 내가 제대로 되려면
한참 더 지나야 된다는 것을 알게 된다.
내가 나를 아는 것은 늙어 죽는 순간까지이다.

나의 집, 재산, 능력은 나의 부정적인 요소가 될 수 있다.
그것을 바르게 관리하고 행사하여야 한다.
자신을 가지면 교만에 빠지기 쉽다.
주변의 조건에 과민하지 말아야 한다.

습관화시키지 않으면

새로운 노력을 부어야 하기 때문에 힘들다.
좋은 일은 습관화하여 익숙해져야 한다.
그러나 습관화하는 것을 기득권화하지는 말아야 한다.

온유함이란 자기자신을 절제되고,
통제할 인내를 가지는 것이다.

베풂의 극치는 내 생명까지 주는 것이다

모든 것은 보기 나름이고, 생각하기 나름이다.
선의의 자세를 가지고, 긍정적이고, 베푸는 마음의 자세로
대하고, 행동해야 한다.

하루하루, 한걸음 한걸음, 한 만남 한 만남,
돌이켜 보면 감사와 기쁨이 충만한 것을 알게 된다.

내가 나를 알려고 노력하고,
그때 그때 객관적으로 이해하고, 판단하는 것이
모든 일의 최우선이다.

내가 나를 보는 것은
내 주변, 나를 알게 모르게 접했던 사람들이라는,
生의 거울을 통해서 보아야 한다.

생각은 내가 보고, 듣고, 느끼는 현실을 채색한다.

할 일, 살아가는 일에는 절대적인 순서가 있는 것은 아니다.
그러나 평상적인 서열과 순서는 있다.

내가 나 자신의 현실과 주변환경에 따른 변화도 못 느끼면서
주변과 이웃의 변화에 너무 민감할 필요는 없다.

오늘 하루에 감사하고, 내일에 대한 기대와 바램으로
순간순간을 채워가며 살아야 한다.

내가 받고 있는 축복은
도덕적 가치와 집단적 가치가 함께 어울려 주는 사회와
집단으로부터 주어져야 한다.

주변과 어울리기 위한 합리주의는
이데올로기와 같은 형식에 휩쓸릴 수 있다.

나를 위한 욕심, 물욕으로부터 벗어나야
온전한 내가 될 수 있고, 온전한 사회를 건설할 수 있다.

욕심을 비운 너그러움은 탐욕을 품어 녹일 수 있다.

인애와 진리가 만나면 의와 화평이 이루어진다.

마음속의 평화는 저절로 생기는 것이 아니고 심어야 한다.

베풂의 극치는 내 생명까지 주는 것이다.

삶에 대한 즐거움과 기대감이
항상 나를 채우고 있어야 한다

비가 오면 비를 맞고, 해가 뜨면 햇볕을 쏘이고,
모든 것은 주어지는 환경에 적응하여 젖어들기 마련이다.

나를 환경과 주변으로부터 떼어 따돌리려 하지 말고
나 자신의 뿌리와 특징을 간직하면서 환경에 적응하도록
나를 변화시켜야 한다.

내가 나를 잘 아는 것 같아도 대부분을 모르고,
또 알거나 모르거나 제쳐놓고 살아가고 있다.

몸은 아끼지 말고 노력 봉사하다 盡하여 버리고 가고,
정신은 맑게 가꾸고 가꾸어서
영원한 세상으로 가지고 감을 항상 염두에 두어야 한다.

세상 사람들이 뭐라고 하든 항상 귀 기울여 들어주고,
내 나름의 판단을 하여야 한다.

세상에 대해 내 뜻과 내 주장을 몰라 줌에
섭섭하게 생각할 필요는 없다.
오히려 내가 세상을 거스리지 않았는지를 돌아볼 필요가 있다.

하루로 주어지는 24시간은 그 시간을 받은 사람에 따라
엄청난 차이를 가지고 있다.
몇 년의 가치에서 몇 초의 가치를 가지는 것으로
쓰는 사람에 따라 다양하다.

시간을 의식치 않고 열심히 살아야 한다.

살아감에는 항상 필요한 일을 하며 살아야 한다.
그 일은 너무나 다양한 내용을 가질 수 있다.

반복되는 매일매일의 일도 그 내용과 목적에 따라
모두 달라진다.
같은 것의 반복이란 없다.

삶에 대한 즐거움, 기대감이 항상 나를 채우고 있어야 한다.

감사하는 마음은 즐거움으로
가득 채워진다

세상일은 가장 쉬운 것이 가장 기본적인 것이고
또 필요한 것이다.
그리고 그것은 가장 가까운 곳에 있다.

언제나 내 능력과 나 자신에 맞게
주변을 향해 베풀고 봉사해야 한다.
여기에는 하면 된다는 자신을 가지고 해야 하고,
일단 시작하면 이루어짐을 알게 된다.

세상살이의 일 중에서 가장 중요한 것은 어울려 사는
기본질서이다.
사소한 것처럼 다가오는 기본질서를 가장 소중하게 여기고
지켜줘야 한다.

내가 남에게 주고, 베푸는 것은
나 자신에게 속으로 이야기하여,

더 베풀 수 있는 "감"을 찾아야 하고,
남으로부터 받은 것은 두고두고 읊으며,
그것이 자라서 열배 백배 내가 베풀어 되갚을 수 있는
씨앗을 만들어야 한다.

추운 날이 오면 곧 더운 날이 오고,
비 오고 나면 개인 하늘 아래 식물이 활짝 기를 펴듯이
나에게 다가오는 모든 변화는
나를 환경에 잘 적응하게 해 주는 것으로 받아들여야 한다.

모든 생물은 혼자 살도록 되어 있지 않고 모여 살게 되어 있다.
인간은 더욱더 함께 모여 서로 부대끼며 살아가야 한다.

나는 항상 주변을 향해 내 몫을 베풀면서
그 집단의 가운데에 어울리도록 하여야 한다.

내가 하는 행동은 오늘 다르고, 내일 다르고,
아침에 다르고, 저녁에 다르다.
그것은 내가 주변환경에 잘 적응한다는 것이다.
그러나 그 적응하는 속에서도 "나"라는 특징은
변함없이 가지고 있어야 한다.

내가 하는 말은 항상 감사의 표현이어야 한다.
나는 이미 감사할 일들로 가득 차 있기 때문이다.

감사하는 마음은 즐거움으로 가득 채워진다.

고통과 고난은 그것을 극복해내고
세상에 자신감을 가지고 나오는
기회를 만들어 주는 것임을 알고
피하거나 외면함이 없이 마주서야 한다.

내가 온전한 사람이 되려면 내 속을 비우고
모든 것을 털어 베푼 후에 다른 사람을 위한 노력을 하여야 한다.

이런 친구가 필요합니다

나이가 들어갈수록 나의 옛날 얘기에 박장대소해 주며
배우자, 자식, 주변으로부터의 눈치를 털어놓을 수 있고,
격의와 내용을 따지지 않는
그런 친구가 그리워집니다.

나이가 들어 갈수록 나의 과거나 허무맹랑한 미래의 희망을
비평 없이 들어 주고
둘이서만 히히덕거릴
그런 친구가 그립습니다.

연락을 하여 만날 약속을 하여야 하는 그런 친구보다는
편하게 아무 때나 불러내서 만날 수 있는
그런 친구가 있었으면 합니다.

마음 졸이고 조바심하며 온 정성과 신경을 다 쏟아붇는
사랑하는 사람보다는

좋은 친구가 그리울 때가 있습니다.

뭇사람의 부러운 시선을 끌며 악수 한번 나누거나,
멀리서 바라보는 것만도 만족해야 하는
그런 사람보다는

항상 곁에 있고 푸근하게 느껴지는
그런 친구가 더 그립습니다.

같이 가면서도 앞길을 열어주려 신경을 쓰며 걸어야 하는
그런 사람보다는
손이 부딪치고 어깨가 부딪쳐도 신경쓰이지 않는
그런 친구가 더 간절할 때가 있습니다.

지위가 높거나, 돈이 많거나, 학식이 높아서,
내 자신이 한없이 작고 초라하게 느껴지는
그런 사람보다는
잘 어울리지는 않지만 부드러운 미소를 주고받을 수 있는
그런 친구가 더 간절합니다.

하고픈 말이 너무 많아도 상처받거나 아파할까봐
혼자 삼키며 말없이 웃음만 건네주어야 하는
배우자, 아들, 딸, 연인보다는
허물없이 농담을 주고받을 수 있는

그런 친구가 더 절실할 때가 있습니다.

격조 높고 고급스런 식당에서 주변의 눈치와
음식 값을 머릿속에 떠올리며
서로 눈치보며 품위 있게 먹는 것보다는
품위는 없어도 텁텁한 음식 맛에 서로 눈치 안 보며 가벼운
수저소리를 내며
즐거운 담소를 나누며 식사할 수 있는
그런 친구가 더 필요합니다.

부부간의 일을 흉허물 없이 이야기 나눌 수 있는
그런 친구가 필요합니다.

꽃보다 아름다운 미소

한적한 전철에 마주 앉은 소녀의 해맑은 미소,
그것은 꽃보다 아름답지요.

화평과 감사함이 마음으로부터 흘러 넘치는 은은한 미소,
그것은 아무나 가질 수 있는 것은 아니지요.

평소에 감사와 행복을 느낄 수 있는 사람만의 여유지요.

마음이 순수하고, 생각이 맑은 사람만이,
해맑은 미소를 띠워 보낼 수 있지요.

아름다운 미소의 중심에는,
꽃봉오리 속의 붉은 꽃술과 같은,
시리도록 맑고 깊은 눈망울이 자리하고 있지요.

활짝 핀 장미꽃의 뒤에서,

조그만 미풍에도 미세한 떨림으로 수줍음을 보여주는,
장미 꽃봉오리는,
잔잔한 사랑을 느끼게 하지요.

소나기 후 나뭇잎 위의 커다란 물방울을 들여다보면,
맑은 수정과 같은 미소를 연상시키지요.

한적한 전철의 경로석에 앉아 졸고 있는,
나이 지긋한 여인네의 미소로 쌓인 온화한 얼굴은,
은은한 꿀 향기를 풍겨주는,
아름다운 꽃을 보는 것 같지요.

얼굴로 만들어지는 아름다운 미소는,
누구나 가질 수 있는 건 아니지요.

갈구함이 아닌 감사하는 마음으로 살며,
남에게 베풂으로 정이 넘쳐 흐르는 사람,
가슴이 따뜻한 사람,

사랑이 샘솟는 사람만이,
꽃보다 더 아름다운 미소를,
꽃 향기처럼 주변으로 날려 보낼 수 있지요.

꽃보다 아름답고,
갓 걸러낸 커피 맛보다 은은한 향기가 나고,

장마 끝의 파란하늘처럼 맑고,
푸근한 친구의 느긋한 관심처럼,
정감 있고, 평안함을 주는,
그런 미소가 항상 깃들기를 바랍니다.

약속으로 예약된 시간은 행복의 시간이다

세상에 원인과 이유 없는 결과는 없다.

그 원인의 근원을 잘 헤아려

나와 주변,

그리고 현재와 미래에

합리적이고 유용한 결과가 나올 수 있는 선택을 하여야 한다.

시간이 지나고 환경이 변화하면

유유상종, 동병상련의 어울림이

더욱 뚜렷하게 나타남을 알게 된다.

선택은 매우 중요하고 결정적이다.

모든 일, 상황, 그리고 삶에서 신중하게 결정하여 선택하고,

선택한 것은 완전한 내 것, 내 환경이 되도록

전적인 신뢰를 가해 주어야 한다.

순조롭게 흘러가는 시간이나 물의 흐름도 가끔은

물질의 변화나 시간의 변화를 따라 한 차례씩 확인,
점검해 줄 필요가 있다.

익은 벼가 고개를 숙이는 것은 더 많은 햇볕을 받기 위해
고개를 쳐들고 하늘을 향하던 성장기를 지나
이제는 받은 햇살로 만들어진 벼의 내용을 자체정비하여
충실한 잘 익은 벼를 만들어가는
내부활동이 주가 되기 때문이다.

잘 익고 충실한 벼일수록 더욱 고개를 숙이고 머리를 숙인다.

현재를 보고 그 근원과 미래를 챙겨 볼 수 있는 여유와
필요를 동시에 챙겨야 한다.

과거는 탄탄한 현재와 미래의 뒷받침이 되도록 항상
마무리작업을 해 주어야 한다.

내가 믿고 바라는 것이 있다면
그것은 반드시 이루어지도록 현실화하고
그 바램은 삶의 원동력의 일부가 되어야 한다.

고난스러운 환경이 주어졌을 때 친구들의 태도는
위로함을 주는 것이어야 하는데,
"~ 때문이야, ~을 해!" 나중엔 욕을 한다.

고난과 역경을 통해서 희망의 삶, 길을 찾게 된다.

믿음과 신뢰의 정점에 놓여 있는 것이 친구이다.

돈이 최고인 사람은
돈으로 가게에서 친구를 살 수 없음을 알아야 한다.

약속으로 예약된 시간은 행복의 시간이다.

나를 지키는 것은 사랑과 겸손과 소망이다

강한 자가 무장을 하고 자기 집을 지킬 때에는,
그 소유가 안전해도,
더 강한 자가 와서 그를 굴복시킬 때에는,
그가 믿던 무장을 빼앗고,
그 재물을 빼앗아 나눈다.

나를 지키기 위한 나의 무장은,
재물도 아니고 힘도 아니다.

나 자신을 지키는 무장은,
사랑과,
겸손과,
미래를 확신하는 소망이다.

소망은 자신감과 용기를 준다.

나를 사랑하고 보호해 주는 이가,
항상 나와 함께 한다는 확신을 가지고,
이웃을 향해 뜨거운 사랑의 마음을 행동으로 표현해 주자.

이웃이란 나와 가까운 거리에 있는 존재적 개념이 아니고,
만들어 가는 창조적 개념이다.

주는 것은 받는 것이다.

손에 움켜쥐고 욕심을 부리면,
움켜쥔 만큼 염려와 근심이 쌓이고,
손을 풀어 나누어 주면,
나누어 준 만큼 행복이 들어와 쌓이고,
걱정과 근심으로부터 자유로워진다.

사랑을 줌으로써 나를 향한 사랑을 느낄 수 있고,
사랑을 느낌으로써 끝없는 사랑을 줄 수 있다.

사랑은,
무조건적인 신뢰를 바탕으로,
희생과 봉사로 만들어가는 것이다.

나에게 표현하지는 않아도,
나를 깊이 사랑하는 사람이 있다는 것을 알아야 한다.

아들, 딸에게

아들아,

딸아,

누가 너희에게 아빠가 어떤 사람이냐고 묻거든,

"잘 모르겠다."고 해라.

왜냐하면,

아빠는

세상에 나가서 정신없이 뛰어다니다 보니,

너희들에게 아빠가 어떤 사람이라는 것을,

알려줄 만한 시간도,

또,

보여줄 만한 시간도 못 가졌었기 때문이다.

너희가,

아빠가 어떤 사람인지 잘 모르겠다고 하는 것이,

너희로 인해,
나에 대해 다르게 알고 있는 사람들의 이해를,
깨트릴까 두렵기 때문이다.

마찬가지로 아빠도 누가 너희들에 대해 물으면,
뭐라고 대답해야 할지,
너무나 모르고 있는 건 아닌지…

아들아,
딸아,
가정은,
남녀가 에로스의 사랑을 가지고 만나서,
아가페의 사랑으로 발전시켜가는 것이 가정이란다.

에로스의 사랑이 깔려 있으면 도취된 기쁨이 있고,
그 기쁨은 진정한 사랑으로 재생산되지 않고,
시간이 갈수록 식고, 사그러진다.

아가페의 사랑이 깔려 있으면,
시간의 흐름을 무력화하는 기쁨이 넘치게 되고,
네 가정이 천국이 될 것이다.

비록 에로스의 사랑에서 시작되었어도,
아가페의 사랑으로 승화시키는 노력이 항상 있어야 한다.

남을 돕는 것은 내 후손의 행복의 터를
닦아주는 것이다

항상 감사하는 마음을 가지고, 매사를 기뻐하며 사는 사람은
얼굴에 행복이 가득한 밝은 빛이 난다.

좋은 침대와 침실은 복이지만, 단잠이 행복이다.

믿음은 보지 못하는 것을 믿는 큰 것이고,
아는 것은 지식과 경험에 의해 얻어지는 작은 것이다.

믿음은 보지 못하는 것을 믿으나,
믿음의 결과는 그것을 보게 된다.

내가 나를 믿고야, 남이 나를 믿게 된다.

큰 나무 그늘에는 튼튼하고 큰 나무가 없다.

큰 나무의 그늘은 큰 나무가 자랄 환경을 만들어주지 못한다.

인간의 대물림도 마찬가지다.

경쟁사회의 세상살이에서 재산은 복이지만
재산이 행복을 가져다 주지는 않는다.

재산은 잘 관리하여도 사회로부터 소외시키려는 본질을 가진다.

부자가 천국에 가는 것이
낙타가 바늘구멍으로 들어가는 것만큼이나
힘들다는 본질을 가진다.

물고기가 단신으로
어렸을 때의 장소를 떠나 망망대해로 나갔다가
성장하여 다시 돌아오는 것이 자연의 섭리다.

자식도 크게 키울 자식일수록
독이 될 자산을 주어 연약하게 만들지 말고
망망대해로 독립생활을 시켜야 한다.

내 주위를 도우면 그들이 내 후손에게
행복을 가져다 주는 기반을 만들 것이다.

미래를 보며 살자

시간에는
현실적으로 항상 느끼며 사는 생리적 시간과,
인간의 생각으로 미칠 수 있는 철학적 시간과,
인간의 능력 바깥의 신학적 시간이 있다.

우리의 삶은,
과거라는 뒤를 바라보며 사는 게 아니라,
미래를 향해 설정된 목표를 가지고
먼…
철학적 시간을 생각하며 앞을 보며 살아가야 한다.

과거는 미래를 향한 항해자료일 뿐이다.

밤이 깊어지면 아침이 온다.

미래는 신념을 가지고 있을 때, 생각한 대로 이루어질 수 있다.

빛과 어두움의 싸움은 소리가 없다.
빛이 밝으면 어두움은 물러간다.

단언하지 말자.

바로 앞, 1분 뒤, 1초 뒤의 일도 확실치 않은데,
바램과 소망을 가지고,
미래를 향해 확신을 가지고 살자.

인간의 二重性

모든 경우에는 兩面이 있다.

사랑의 뒷면에는 증오가 있고,
사랑이 깊으면 반대로 증오도 깊어지므로,
사랑이 증오로 변하지 않도록 관리하여야 한다.

인간은 二重的 存在이다.

천사와 같은 마음의 다른 한 쪽에는,
악마의 흉계가 자리잡고 있다.

인간의 본성에는 선한 천성과 악한 천성이,
동시에 자리하며 서로 갈등하고 있다.

생각하고 행동하면 인간다운 행동을 하고,
생각 없이 행동하면 본능적인 행동이 되고,

본능적으로 행동하면 동물과 같은 행동을 한다.

인간에게는 본능을 다스리도록 이성을 주셨다.

생각은 할수록 넓어지고 깊어진다.

한편으로는 만인에게 축복을 하면서도,
다른 한편으로는,
경쟁과,
시기와,
질투로,
저주심을 표출한다.

옳은 가르침에 순종하면서도,
다른 한편으로는,
뛰쳐나가려는 방종심을 보여준다.

순종은 복종이 아니다.

타인의 부당한 희생에 분노하면서도,
자기자신은,
또 다른 타인에게 한을 심어주고 있다.

자유를 표방하고, 추구하면서도,
소속감으로 표현되는 억압을 갈구한다.

소외감을 내세우며 집단소속을 원하면서도,
간섭이나 억압은 배척한다.

행복을 만끽하면서도,
불행이 온 후에야 행복을 느낀다.

인간은 번뇌와 갈등을 통해,
발전과 변화를 이룩한다.

방황과 갈등의 인생에서,
창조적인 해결방향을 찾아야 한다.

인간의 이중성을 균형 있게 조화시키며 살아야 한다.

겸손하지만 자존심이 있고,
개혁을 꾸준히 하면서도 과거를 잘 간직하는 보수성,
외향적으로 활달하면서도 주도면밀하고 치밀한 내면성,
자유를 추구하면서도 억압을 받아들이는 수용성,
"No"를 외치고 사는 것보다 "Yes"를 외치고 사는 태도,
질타가 아닌 칭찬을 베푸는 사람이 되어야 한다.

감사는 만사형통의 해결점이다

내가 보는 것은
나를 기준으로 판단하고, 연상하고, 기대하기 마련이다.
내 자신에 대한 생각과 자세를
되짚어 판단해 보는 기회로 삼아
나를 다스릴 계기를 삼아야 한다.
내가 나도 제대로 모르면서 남이 어쩌고 하는 것은
말이 안 되는 짓인데도, 정신을 가다듬지 않으면,
쉽고 편한 방법으로 남을 부정적으로 보거나,
나아가서는 비방하는 쪽으로 흘러간다.

모든 일을 나에게, 그리고 세상으로, 긍정적으로 연계시키고,
그렇게 믿는 노력을 끊이지 않고 해야 한다.
내 주변, 세상 사람들이 나를 어떻게 보는가를 느끼고,
그에 따른 반성의 기회를 자주 가져야 한다.

세상 사람들이 나를 잘못 판단하고 흉본다면
그것은 내가 그렇게 만들었다는 것을 인정하고,
그 원인을 찾아 고치도록 해야 한다.

내 주관은 객관과 거리가 있다는 것을 염두에 두어야 한다.

내가 가는 길이 바른 길인가, 아닌가를
평가하는 기준이 있어야 한다.
그 기준은 내가 "감사하며 가는가" 하는 것이다.

세상에서 가장 지혜로운 사람은 배우는 사람이고,
가장 행복한 사람은 감사하며 사는 사람이다.

감사하는 마음과 그 깊이는
나이와 함께 자라고 성숙해져야 한다.

나를 남과 비교하여 무조건적인 감사를 찾아야 한다.
나의 존재 자체가 가장 큰 감사임을 알아야 한다.

내 "靈"에 기쁨이 있으면 모든 일에 감사가 그치지 않는다.

행복이 감사를 주는 게 아니고, 감사가 행복을 준다.

내가 내 뜻대로 하는 것 같아도
나는 이미 내가 속한 사회, 환경의 틀에 잡혀 있음을 알고

그 속에서
내 뜻을 자유롭게 펼치며 사는 나를 만들어야 한다.
바깥을 향해 머리를 박으며 발버둥칠 것이 아니라,
에덴 동산에 아담과 이브가 주어졌듯이
그 속에서 정적인 자유를 찾아 누릴 수 있어야 한다.

문제에 부딪치면
기다림과 고통의 시간을 인내로 끌고 나가야 한다.
마치도 터널을 달리면 어둠이 뚫리듯이 시간이 지나면 풀린다.

감사는 모든 것을 풀어주는 근원이 되고, 만사의 형통한
해결점이 된다.
감사는 구원과 치유와 회복의 시작이다.
모든 일에 감사하자.

마음에 간직하고 싶은 사람

세상을 살아 가면서 마음에 간직하고 싶은 사람이 있습니다.

별 소식이 없는 듯,
이리 살아도 마음 한편엔 보고픈 그리움,
두어 보고 싶을 때면 살며시 꺼내보는,
사진첩의 얼굴처럼 반가운 사람,
그 사람이 당신이었으면 좋겠습니다.

한참 동안 뜨음하여,
그립다 싶으면 잘 지내느냐고 이메일이라도 띄워,
안부라도 물어보고 싶어지는, 풋풋한 기억 속에 있는 사람,
그 사람이 바로 당신이었으면 좋겠습니다.

살면서 왠지 붙잡고 싶은 사람이 있습니다.

세월이 흘러,

그만 잊은 듯하여도,
문득 문득 생각에 설렘도 일어,
그렇듯 애틋한 관계는 아닐지라도,
막연한 그리움 하나쯤은 두어,
가슴에 심어두고 싶은 사람,
그 사람이 당신이었으면 좋겠습니다.

어쩌다 소식이 궁금해지면,
잘 있는 거냐고,
잘 사는 거냐고,
휴대폰 속에 젖은 목소리라도,
살포시 듣고 싶어지는 사람,
그 사람이 정말 당신이었으면 좋겠습니다.

나를 남에게 믿고 맡겨야 한다

내가 생각하는 것은 내 한계를 넘지 못한다는 것을
항시 마음에 두고
주변과 먼 환경을 자주 돌아보아야 한다.

내가 나를 벗어나는 길은 나를 남에게 믿고 맡겨 주는 것이다.
그 "남"이라는 대상은 부부이면 가장 당연하고
좋은 친구나 제삼자일 수도 있다.

세상 일은 절대적인 正道가 없고 항시 환경에 따라 발전적으로
변한다는 것을 인정하고
그에 동참하도록 노력하여야 한다.
가장 좋은 방법은 우선 긍정적으로 인정해 주고
내가 그에 적응해 가는 것이다.

내가 나를 알기 위해서는 나를 여러 환경에 내놓아 보아야 한다.

가까운 사람이라도 그 이면에는 항상 경쟁적인 요소들과
돌이키지 못할 반목이 있다.
특히 형제 자매 중 첫째와 둘째는
표시 날 정도가 대부분의 경우이다.

나의 삶은 이미 운명적으로 결정되었다는 것을 믿고
묵묵히 부지런히 노력해 나가야 한다.
그러나 중요한 것은 나의 운명은 나의 노력에 의해
꾸준히 발전적인 변화의 삶으로 바뀔 수 있다는 것이다.

에덴 동산에서 뛰쳐나온 인간은 모든 삶에서
격식의 틀을 벗어나서
발전적인 삶을 추구하려는 본질을 가지고 있다.

역사와 자연의 흐름은 시냇물이 개천을 따라 흐르듯이
예정된 경로를 흐른다.
그러나 그 물길은
가끔 내리는 폭우나 홍수를 통하여
새로운 길로 바뀌는 현상이 일어난다.
인생 행로도 자신의 노력이나 주변 환경에 의해 변한다.

태풍과 홍수가 강줄기를 바꾸듯이
모든 흐름은 예측을 벗어나는 현상을 통해 변화를 맞는다.

마음의 평안을 가진 후
실천의 행보를 디뎌야 한다

충성은 처음에서 끝까지 지켜져야 한다.
그러므로 충성 대상을 선택할 때에는 매우 신중해야 한다.

세상에서 가지는 평화는
많은 다른 사람의 희생과 눈물 위에 세워진
긴장감이 깔려 있는 불안한 평화다.

모든 것을 합치면 "0"이다.
즉 Zero Sum Game은 얻은 자가 있으면
잃은 자가 있어야 하므로
Zero Sum Game이 통하는 평화는 긴장감이 깔린 적자생존의
평화이다.

갈등의 요소는 무한하다.
갈등이 나타나면 ①도피, ②돌파의 두 가지 반응이 나타난다.
갈등이 있다는 것은 살아 있고, 건강하다는 것이다.

갈등을 돌파하는 방법은 택하는 데 따라 많은 차이가 나타난다.

피해의식을 떨치면 기쁨은 두 배, 슬픔은 반감한다.

너무 쉽게 기뻐하거나 슬퍼하지 말자.

사상이나 이념은 어떤 형태로도 진정한 평화를 주지 않는다.
은혜, 은총만이 진정한 평화를 준다.

나누면 나눌수록 커지는 것이 평안과 기쁨이다.

마음의 평안을 가진 후 실천의 행보를 디뎌야 한다.

너는 네 인생을 어떻게, 무얼 하며 살았느냐?

세상의 슬로건은 약육강식이고
진정한 평화의 슬로건은
강한 자들이 약한 자를 도우라는 것이다.

남을 돕는 것은 나를 위하는 것이다

세상을 살아감에는 아는 것보다 모르는 것이 더 많고
내가 하는 것보다 남에 의해서 되어지는 것이 대부분이다.
단지 나는 더부살이를 한다는 것을 알고
뭔가 조금이라도 역할을 하여
갚으려 노력하는 삶을 살아야 한다.

남을 돕고 배려하는 것은 간접적으로는 물론
직접적으로도 나를 위하는 것이라는 것이다.

내가 무슨 일을 함에는 목적과 목표를 세워야 하나
그 목적과 목표는 남과 내 주변을 위한 공의가 앞서야 한다.

내가 무엇을 하든지 빚지고 신세 진 것은
끝까지 기억하려 노력하고
베푼 것은 베푸는 순간부터 잊어야 한다.

세상에는 모든 사람들이 각자의 역할을 가지고 태어났고
그를 위해 알게 모르게 공헌하고 있음을 인정해야 한다.

나에게 다가오는 속임과 불의에는
재치를 가지고 받아넘기는 지혜를 가져야 한다.

살아가면서는
자신감을 가져야 만족감을 가지는 삶을 살 수 있다.

남에게 베풀면 토양에 습기가 스며들 듯이
주변으로부터 베풂에 대한
축복과 감사의 갚음이 퍼져 들어온다.

나보다 나은 사람, 잘 나가는 사람,
더 좋은 환경을 보고 즐겨 하면
내가 그것을 나의 것으로 만드는 기반이 마련된다.
그 바탕에는 정직함이 깔려 있어야 한다.

나를 잘되고 못 되게 하는 것은 남이 아니라 나 자신이다.
그러므로 나 자신에게 항상 엄격하고 감사해야 한다.

사랑은 일방적인 섬김이고 마음이다

사랑은 일방적인 섬김이고
사랑의 언어는 입술이 아니라 마음이다.

마음속의 사랑이 표정으로 스며 나올 때
진정한 사랑의 확인이 이루어진다.

사랑은 무조건적이며 일방적으로 지속될 수 있어야 한다.

사랑의 언어인 마음의 사랑은 만국 공통어이며,
사랑의 언어의 가장 초보적인 단계는
만국, 만 민족의 공통어인 미소이다.

내가 나를 사랑하는 것부터 실천하여야 한다.
내가 나를 사랑하면
표정과 태도에 온화함과 정겨움이 넘쳐난다.

사람을 맞이함에 기본적인 사랑이 깔려 있으면
모든 대화가 필요없다.
대화란 내가 느끼고, 가지고 있는
상대방에 대한 확신이고, 확인이다.

곰곰히 생각하는 중에
틈내어 주변, 바깥을 쳐다보면 순간적인 깨침을 얻을 수 있다.
주관이 없이 주변을 보면 내 인생의 흔들거림이 심해진다.
우선적으로 나를 꿋꿋이 세워야 한다.

환경에 안주하지 않고 나에게 소중한 물건,
나아가서 소중한 사람으로부터
뛰쳐나가는 발전의 노력을 해야 한다.

얽매거나 얽매이지 않고 적당한 자유로움을 지녀서
내 인생을 헤쳐 나가야 한다.

살아가며 내 소망이
더욱 윤택해지고 고상해진다

작은 눈 덩어리는 굴리면 굴릴수록 커진다.
여기에는 많은 의미를 부여할 수 있다.
유유상종의 의미로 - 구르면서 주위의 눈을 붙여 모으는 것과
또 정지해 있으면 작은 그 자체이지만,
굴러 움직여야 커진다는 것,
그리고 구르다가 장애물을 만나 부딪치면
깨어져서 멈추어 선다는 것,
그렇게 우리를 향한 세상일은 다양하게 유동적이다.

정체하여 고정된다는 것은 가장 바람직하지 않은 현상이다.
긍정적으로 활성화되어 부단히 움직여야 한다.

일을 할 때는 우선 전체를 보아 멀리 계획하고,
일단 시작하면 그 일 자체를 중점적으로 보며 끌고 가야 한다.
걱정이 현재의 시점에 정지시키도록 하면 안 된다.

격동하는 환경변화에도
사회의 귀천, 부유함과 궁핍함에 관계없이
남녀간의 사랑은 순수하고 순진하게 전개된다.

모든 것은 "무"에서 태어나면서 "유"로,
다시 이 세상을 하직하며 "무"로 간다.

세상을 살아감에는
부유함이나 지위고하에 관계없이
주변환경과 대중에 어울려 살아야 한다.

모든 노력은 최하위의 밑바탕에서부터
한걸음 한걸음 위를 향해 적자생존의 단계로 이루어진다.

살아가며 주위환경에 부딪치면서
내 소망이 더욱 윤택해지고 고상해진다.

내가 가지고 있는 모든 자산은 마치도 맛있고 고급인
음식과 같아서
애끼려 보관하면 상하여 버리게 되고,
풀어서 즐겁게 갈라먹으면 값진 가치를 길이 살리게 된다.

내가 하는 일은 작게는 나의 역사, 나아가서는 사회의 역사이고,
기록을 한다면 더 좋은 역사가 될 것이다.

베풂을 줄 수 있는 마음의 여유가
가장 큰 재산이다

내가 가진 모든 것을 베풀고 언제인지 모를 그날,
저세상으로 가볍고 즐거운 마음으로 떠나야 한다.

내가 무엇을, 얼마나, 어떤 형태로 가지고 있는지
돌아볼 필요가 있다.

세상 사람들에게 베풂을 줄 수 있는 마음의 여유가
가장 큰 재산이고,
자신에게는 그들에게 줄 수 있는 신뢰와 즐거움이다.

세월이 변하며 계절이 바뀌듯이 내가 세상을 향해, 이웃을 향해,
베풀고, 챙길 수 있는 것은
지금 이 순간이 가장 중요한 시기이고 적기이다.

오늘 베풀 수 있는 것은 가장 가까운 곳, 가장 작은 것부터이다.

받는 기쁨보다 베푸는 기쁨은 몇십 몇백 배 큰 가치창조이다.

세상에 공짜란 없다.

내가 무엇을 취하려면

그것을 못 가지는 쪽이 있고, 그들의 처지를 생각해 보아야 한다.

앵거신드럼(Anger Syndrome: 화병)에 포위되지 말고,

툭툭 털고 일어서야 한다.

그러려면 부정적인 홧병에서 긍정적이고, 내어 터뜨리는

적극성을 보여야 한다.

적대감은 어리석은 대응이다.

착함과 유약함, 어리석음은 구별되어야 한다.

때에 따라서는 나 자신을 위하여 장소, 환경, 경우에 따라

시의적절하게 화를 드러내어 풀어야 한다.

모든 것은 관심의 정도에 의해

그 깊은 내용을 보고 느낄 수 있다.

관심이 없으면 예쁘게 포장된 선물상자를 보며,

그 속에 무엇이 들어 있는지를 알려 하지도 않고,

겉보기에 그친다.

분노하고, 화낼 수 있다는 것은

그만큼 깊은 관심을 가졌다는 것이다.

중요한 소통은 대화의 광장에서 이루어진다

모든 삶은 환경, 주변에 맞추어 어울려 적응하여야 한다.
적응하여 어울리는 가운데서
"나"라는 중추기둥의 특색을 살리며 어울려야 한다.

조화를 이룬다는 것은 자연스레 맡길 것이 아니라
의식적인 노력이 가미되어 표나지 않게 적응 노력하여야 한다.

모든 일은 점검 점을 설정하고,
그 점검이 자연스럽게 그러나 의도적으로 확인되어야 한다.

가다 보면 내가 가는 길, 가는 목적을 나도 잊어버리게 되는
경우가 허다함을 알고
수시로, 그러나 부담 가지 않게 챙겨야 한다.

나는 나를 위하여 노력하며 살아가지만,
그것은 주변과 이웃을 위한 것과 동질화되어야 한다.

물리적인 거리, 시간적인 순서는
머릿속에서 완전히 제거될 수 있다.
머릿속에는 과거와 현재, 고향과 타향을 모두 모아 놓을 수 있다.
이 가상의 세계를 더 현실감 있게 하는 방법은
지역에 따라, 지방에 따라 여러 가지가 있을 수 있다.

가장 중요한 소통은 대화의 광장을 통한 소통이다.
대화의 광장에서는 말을 하는 사람은 물론
들어주는 사람의 역할이 더 크고 중요함을 알게 된다.

먹고 마시는 즐거움은
인간에게 주어진 최고의 즐거움 중의 하나이다.

나를 자세히 점검하려면
금식하고 소화기관을 점검하는 것과 같이
나로부터 모든 것을 비우고 난 후 점검해야 한다.

평소의 삶은 즐거움이고 먹는 것은 매일매일 펼치는 잔치이다.

"육체"는 오늘일지, 내일일지, 언제일지 모르는 날,
이 세상에 미련 없이 버릴 것이지만
영원히 가지고 갈 "영"은 온전하고 평안하게 만들어야 한다.

세상에서는 몸과 마음 나아가서 영이 같이 있으므로
사는 동안 조화롭게 거느려야 한다.

불쌍히 여기는 마음은 동정이 아니다

나에게는 남에게 줄 수 있는 것,
나보다 더 필요를 느끼는 곳에 베풀 수 있는 것이
많다는 것을 알아야 한다.

모든 물질과 생각에는 그 원래의 목적과 역할
그리고 해야 할 시기가 주어져 있다.
때를 놓치면 그 효과가 떨어진다.

내가 나를 세상에 맞게 챙기고, 챙기려고 노력하며 살아가야 한다.

인간적인 모습을 가장 잘 나타내는 것이 감정표현이다.
그 감정표현은 즉각적일 수도,
그리고 평소에 쌓인 것일 수도 있다.

모든 감정표현의 내면에는
긍휼히 여김과 사랑이 깔려 있어야 한다.

군림하는 자에게서는 진정한 사랑을 찾기가 어렵다.

남을 위해서 베풀 수 있는
무엇인가를 가지고 있다는 것은 축복을 받았다는 것이다.
그 내용과 대상은 한없이 많다.

나의 정체성은 내가 베푸는 내용과 대상,
그리고 그 시기에 의해 결정적으로 표현된다.

사람이 목적의식과 생에 대한 애착이 없으면
세상을 살 필요가 없는 불쌍한 존재이다.

부와 권력, 재산을 가진 사람들이 수없이 많지만,
온전히 불쌍한 주변에 베풀 수 있는 사람을 찾기가 어렵다.

지도자가 되기 위해서는
자신을 털어서 공동체를 위하여 베풀 수 있는
자세가 되어 있어야 한다.
그 바탕에는 너그러움과 불쌍히 여김,
그리고 그들을 위하여
희생해 나갈 수 있는 마음이 깔려 있어야 한다.

베푸는 마음의 바탕에는 너그러움과 걱정하는 마음이 깔린다.

불쌍히 여기는 마음은 동정이 아니다.

외로움과 고독은 창의성을 잉태한다

내가 세상에 태어날 때는 내 의지에 관계없이 태어났어도
세상을 살아가는 데는
전적으로 나의 의지에 따르도록 주어졌다.
그러므로 저세상으로 갈 때는 나의 의지에 의해
끝맺음이 값지게도 그렇지 못하게도 될 수 있다.

세상살이는 세상 사람들과 잘 어울려 유지해 나가되,
표나지 않고
보이지 않게 나의 의지, 의도대로 흘러갈 수 있게
영향을 미치며 살아야 한다.

세상에 공짜란 없듯이 내가 베푸는 것도 내 것이 아니라
나에게 한시적으로 맡겨진 것임을 알고, 부지런히 챙겨
베풀어야 한다.

거머쥐느라 빚 안고 저세상 가는 일이 없도록 챙겨야 한다.

자연이 사계를 따라 반복하여 돌 듯이
나도 세상과 주변을 향해
삶의 변화를 발전적으로 챙기며 살아야 한다.

내가 가진 것, 아는 것, 그리고 맡아 놓은 것은
모두 풀어 주어야 한다.

내가 나를 모르고, 알려고 노력하듯이
이웃과 남을 표나지 않게 알고, 도우려고 노력하여야 한다.

닥쳐오는 모든 일에 자부심과 자신을 가지는 것은
매우 중요한 기본자세이다.

내가 세상 사람들에게 베풀어야 할 일들, 재산들이 있는 한은
내가 외로울 수가 없다.
거머쥐면 외로워진다.

나를 뒤돌아보고, 홀로 있음을 보면
나를 재충전할 수 있는 바람직한 고독감을 얻을 수 있다.

화려하고 복잡함의 뒤와 속에는 더 큰 외로움과 고독이 있다.
화려할수록 한적하고 외로워 보이는 안식처가 필요하다.

새롭고 화려한 창조물은
혹독한 고독과 외로움의 부산물로 태어난다.

외로움과 고독은 순수하고, 창의적인 창작품을 잉태할 수 있다.

이성과 지성, 명예는 외로움과 고독감을 제거시키지 못한다.

고독감은 가난중의 가난이다.
그러나 두 손을 풀어 베풀면 곧바로 극복이 된다.

모든 것은 빈주먹으로 태어났듯이 "0"점에서 시작해야 한다.

머리를 비우고, 손을 비우고, 내가 가진 것을 비우자.

믿는 것, 믿어 주는 것이 가장 큰 것이다

모든 일은 여유 있는 기다림과 바램이 기반이 되어야
긍정적인 바탕이 이루어지고, 긍정적인 결과를 얻게 된다.
손바닥의 앞 뒷면과 같은 긍정과 부정적인 양면성을
긍정적으로 극복하는 것이다.

근본적으로 부정적이거나 잘못된 것은 없다.
부정적인 것은 단지 그것을 보편타당하게 바로잡고
다시 긍정적인 것으로 변화시켜야 할 따름이다.

내가 하는 모든 일은 나를 떠나도
긍정의 덩어리로 떠다니며 전파될 수 있어야 한다.

만나는 사람에게는 너그러움과 친밀감의 여유를 느낄 수 있도록
나 자신을 챙겨야 한다.

내가 나를 확인하는 방법은

여러 가지의 경우와 환경에서 찾아내도록
노력하고 확인하여야 한다.

나를 우선적으로 나타내어 주는 "나"는
나의 "눈"과 "옷차림", 그리고
던져지는 "대화"에서 이루어진다는 것을
항상 염두에 두어야 한다.

인간관계에서 가장 기본적인 것은 부부관계이다.
건강한 부부관계의 위에서 자식사랑, 가족사랑,
그리고 이웃을 향한 사랑이 펼쳐진다.
그러나 부부관계는
냉철한 점검을 통한 개선 노력이 항시 있어야 한다.

좋은 일은 좋을 때 챙기고 확인하여야 한다.

사랑은 두 사람만의 일이다. 중간에 끼이는 것이 없어야 한다.

모든 것은 얻었을 때보다
얻을 수 있다는 확신을 가지고
얻기 위해 기대하고 노력할 때가 행복하다.

무엇을 얻어서 채우려고 노력하고 바래는 것이 행복한 삶이다.

내리사랑은 절대적이고, 수평사랑은 주고받는 사랑이다.

사랑은 함께, 같은 곳을 바라보는 것이다.
가야 할 방향이 같아지고
그 길을 가다가 서로 마주보는 사랑이 깃들어야 한다.

믿는 것, 믿어주는 것이 가장 큰 것이다.

얼굴은 마음, 생각의 거울이다

오늘일지, 내일일지 모르는 모든 다가오는 일들을
긍정적으로, 당연한 것으로 생각하고
앞뒤, 오늘과 내일이 다르지 않은 삶을 살도록 노력하자.

내가 나를 믿을 수 있는 것이 오늘 이 순간,
행동하는 것을 챙겨 볼 때뿐이다.

세상이, 기후가 하루하루가 다르게 변하듯이
나 자신도 시간과 장소, 환경과 처우에 따라 변화함을 알고,
긍정적으로는 적응하는 것이고 폄하하는 말로는 물드는 것이다.

오늘과 내일이 같지는 않지만
큰 틀에서는 반복되는 것을 전제로
내가 다른 하루하루를 전진적으로 채워야 한다.

눈으로 보고, 가슴으로 느낀 후 생각과 행동으로 베풀어야 한다.

나는 내가 가져야 할 슬픔의 대상과 계기,
그리고 기쁨의 계기를 가져야 한다.
그 대상은 무궁무진하다.

봄을 맞아 돋아나는 생명은
죽음보다 소중한 행복이요, 기쁨이다.

내가 오늘을 삶은
가슴속으로 내 생명에 대한 믿음이 있기 때문이다.
이것은 "육"과 "영"을 믿음이다.

내가 하는 이야기 속에는 나 자신, 내 생각을 포함하는
내 모든 것이 들어 있음을 염두에 두어야 한다.
나는 나를 벗지 못한다.

과거를 알아야 현재의 가치를 알게 된다.

모든 환경, 역사, 과거와 현재는 나의 속으로 끌어
내 것으로 변화/소화시켜야 한다.
내 것으로 긍정적인 승화를 시켜야 한다.

믿음은 모든 것을 맡길 수 있어야 한다.

얼굴은 마음, 생각의 거울이다.
얼굴에는 내 모든 것이 나타나 있다.

자라나는 어린아이의 삶을 본받아야 한다

내가 주고 챙길 수 있는 것은
내 생각, 내 눈에 보이는 것에 한정됨을 알고,
넓게, 깊이 보고 생각해야 한다.

나의 모든 것은 하늘에 맡기되
멀리 세상을 향해서 하고 싶은 것들은
항상 추구하고 바래야 한다.

누구에게나 관계없이
세상에 유산을 남겨 줄 수 있어야 한다.

사랑은 애틋한 바램의 마음 위에 싹트고 지켜진다.

웃음꽃의 정수는 어린아이의 웃음이다.

호기심과 기대, 경탄하는 마음으로 살아가며

자라나는 어린아이의 삶을 본받고
내 것으로 만들어야 한다.

내 병들고 시들어진 영은 어린아이를 통해 치료받는다.

육체적, 정신적, 영적 건강이 균형 있게 깃들어야 한다.

죽음이란 무엇인가?

죽음이란 육체의 안식과,
영혼의 해방이다.

축구공 속에 공기가 차 있어야 공이 튀어 오르듯이,
우리 몸 속에는,
살아 있는 부활의 영이 가득 차 있어야 한다.

인간이란 티끌의 모음에,
영혼을 불어넣은 창조물이다.

흙에서 온 미세한 티끌들은,
자궁 속에서,
모여 형체를 갖추고,
여기에 영혼을 받아,
한 인간이 되어 자궁 밖으로 나온다.

인간은 다시,
육신은 티끌로 분해시켜 흙으로 보내고,
영혼을 좇아 창조주에게로 돌아간다.

흔히,
"흙에서 와서 흙으로 돌아간다"고,
육신의 변화에 대해서만 이야기한다.

창조주에게서 왔다가,
다시 창조주에게로 돌아가는,
온전하고 영원무궁한 나,
영혼에 대해서는,
너무나 많은 사람들이 잊고 살아간다.

죽음이란 육체의 환원이며,
영혼의 귀향이다.

나를 있는 그대로 보여 주어야 한다

시간은 흐르고 세상도 변한다.
우리의 모든 생도 이러한 시대의 흐름과 함께함을 알고
그에 어울려 나만의 생을 살 수 있는 노력을 기울여야 한다.

베푸는 것도 아무 때, 아무 곳이 아니라
적재적소에 적기에 표나지 않게 베풀어야 한다.

내가 돕고 베풀 수 있는 것이 무엇인가를
부지런히, 틈틈이 챙겨야 한다.
죽어 저세상에 가서 "저것도 베풀었어야 하는데!!"하는
돌아봄이 없도록 해야 한다.

삶에 "내일"이란 참고일 뿐이고
오늘 이 시간, 이 삶이 가장 중요하고 또 챙겨야 할 일이다.

나의 생각, 마음, 바램, 그리고 그에 따른 행동은

살아감에 따라 변화함을 알고
그것에 순응해야 한다.
단지 항상 여유 있는 베풂이 이루어지도록 마음 써야 한다.

내가 아는 모든 것,
특히 이웃은
극히 일부분에 지나지 않는다는 것을 염두에 두어야 한다.

무슨 일을 하든지 혼신의 노력을 기울여 끝장을 보아야 한다.
그러나 그 일은 중간에 얼마든지 재평가하여 바꾸거나
중단할 수 있어야 한다.
그 일을 중단할 수 없다면 그 일에 빠져 중독된 것이다.

무슨 일이든, 행동이든 내 의지로 거절할 수 있어야 한다.

나를 있는 그대로, 생각대로 보여주는 것이 가장 중요하다.
그 대표적인 경우가 "예", "아니오"를 확실하게 하는 것이다.

나에게 다가오는 "죄", "악", "거짓", "위선"에 대해
자신 있게 거절할 수 있어야 한다.

내가 가진 장점, 지식, 재산 등은 나의 약점이 될 수 있다.

내가 나에 대한 자부심을 항상 챙기며 살아야 한다.

신뢰가 있는 기다림은 꿈과 소망을 준다

하루하루를 반복하며 살지만
생각과 바램은 매일매일 다르게
발전적이고 베풂 지향적이어야 한다.

내가 가지고 있는 것은 수시로
현재를 중심으로 과거와 미래를 통틀어 점검하고
베풀어야 한다.
저세상 갈 때 아쉽게 남기고 가는 일이 없어야 한다.

건강이란 무엇이며,
그 건강은 어디에 어떻게 써야 할지를 점검하고
생각해 볼 필요가 있다.

시간은 그 사용과 용도에 따라
빈둥빈둥 남을 수도, 분초가 아쉽게 모자랄 수도 있다.

내가 가지고 있는 재산은
돈은 물론, 건강, 시간, 지식 등 무궁무진하게 많음을 알고
아낌 없이 베풀 수 있는 노력이 계속되어야 한다.

무엇이든 생각하면
그 전체와 가치, 용도, 그리고
내가 할 수 있는 역할을 찾을 수 있다.

모든 것은 부정적인 면과 긍정적인 면이 공존하므로
긍정적인 면을 먼저 챙겨야 한다.
뜨거운 햇살에 땀을 뻘뻘 흘리며 더위타령을 하는 사람과
밭에서 무럭무럭 자라는 식물을 보자.
뜨거운 햇살을 즐기는 그 속도 자세히 들여다보면
햇살을 머금고 시퍼렇게 자라는 식물들, 간간이
말라죽는 식물도 보인다.

신뢰와 기대가 있는 기다림은 꿈과 희망과 소망을 준다.

믿음의 바탕 위에서 기약이 없는 기다림을 지닐 수 있어야 한다.

신뢰는 반복적인 믿음의 산물이다.
무조건 믿어주면 신뢰가 싹튼다.

시간이 지나면 모든 것은 잊어버리게 마련이지만
반복적으로 다가오는 일은 기억 속에 자리잡고

그 일을 기대하는 믿음으로 발전하고
그 믿음은 삶과 행동의 기반으로 자리잡는다.

기다림의 세월은 좋게도 나쁘게도 기억되지만
긍정적인 기대감으로 채워진 기다림의 삶을 살아야 한다.

나에게 다가오는 사건과 사람들은
긍정적이고 기대되는 대상들임을 믿어야 한다.

지도자는 만인을 섬기는 사람이다

내가 사는 것은 나만을, 나 자신을 위한 것이 아니라
어울려 살도록 인간사회로 던져졌음을 알고 독불이 아닌
대중 속의 삶을 잘 영위하여야 한다.

내가 슬퍼하거나 괴로워하는 것은
일차적으로 나에게 한정되었다는 가정을 하고
그 괴로움이 주변과 공통적인 괴로움이 되어
그것을 풀어 나갈 수 있는 선도적인 노력을 하여야 한다.

올바른 판단은 시간이 지나도 같은 결과를 준다.

슬퍼하거나 기뻐하는 것은
그만큼 기대감이 크다는 것을 의미한다.
그 기대가 올바른 것과 올바른 방향을 향한 것인지
냉철한 자기비판을 해 보아야 한다.

내 주변의 상황은 일차적으로 나에게 전파되어 오고
그에 순응하여 살아야
정상적인 사회생활이 된다는 것을 인정하고
그에 대한 개선이나 기피는
점진적으로 내 방식으로 밀고 나가야 한다.

내 기반에 올바른 가치관을 깔아야 한다.

친구란 반드시 필요하다.
단지 그 친구를 만들기 전에 충분한 생각과 판단을 하여
선별하여야 한다.

나를 아끼는 사람들이 있다는 것은
나의 장점을 중요시한다는 것이므로
그들에게 나 자신을 적나라하게 보여 주어야 한다.

믿음에는 한계가 없다.
믿음의 극치는
하늘에 나의 믿음을 맡기고
저세상으로 가는 날까지 믿고 따르는 것이다.

지도자는 만인을 섬기는 사람이다.

하늘에 기도할 말은 두 마디 " 주실 줄 믿습니다. 감사합니다. !!"

힘은 일관성 있게 공동체를 섬기고 사랑하여야 한다.

정신적인 지도자는
저세상을 바라보는 믿음의 지도자여야 하고,
정치적인 지도자는 대중을 위해 사랑으로 섬기는 사람이다.

결단이 있으면 언행이 변한다

자부심, 자존감이 없으면
부정적이고,
소극적이고
우울하게 되어,
항상 열등감을 가지게 된다.

즐거운 마음으로,
자원하는 마음으로
모든 일에 부딪쳐야 한다.

나에 대한 주변의 부정적인 평가에서 빨리 벗어나야 한다.

위기를 당했을 때, 내 속의 자존심이 지켜져야 한다.

남과 비교하여 체념 속으로 무너져 내리지 말아야 한다.

악순환의 굴레를 그때그때 깨뜨려야 한다.

부정적인 생각에 잠긴 나의 얼굴은
찌그러지고 에너지를 잃지만,
긍정적인 생각은 밝은 얼굴을 만든다.

적극적이고 긍정적인 생각은 삶을 바꾼다.

현재가 가장 소중하고 축복받은 때이다.
과거는 과거이지 현재보다 좋을 수가 없다.

나는 모든 과정을 거치며 골고루 축복을 받은 사람이다.

욥기는 참된 소망을,
전도서는 현대인의 모습이라 할 인생의 지루한 반복성,
나아가서는
인생은 사랑이라는 삶의 가치를 깨워준다.

발전을 위한 갈등은 필요한 선한 싸움이다

인간은 세상에서 어울려 살도록 창조되었다.
어울려 사는 가운데 나의 존재를 확인하고
한 구성원으로서의 역할은 물론
어울림의 환경을 선도적으로 이끌어 나갈 수 있는
믿음과 솔선수범을 통한 모범을 보여주어야 한다.

믿음은 인간과 인간 사이의 단순한 믿음에서부터
하늘을 향한 최상의 믿음까지 자연스럽게 연계되어야 한다.

믿음 중 가장 중요한 믿음은
내가 나 자신을 믿을 수 있고,
믿도록 하는 헌신적이고 희생적인 노력이다.

오늘 하루를 무사히 지내게 됨은
나의 노력의 방향과 대상이 올바로 선정되어 있음을 믿고
확신하여야 한다.

세상은 내 앞과 뒤, 그리고 나와 대등한 입장의 수많은 사람들이
제각금 노력하며 살아가고 있음을 감안하여야 한다.

한순간 한순간을 정리하며 살아야 한다.

생각과 노력은 쉽게, 그리고 그 대상은 가장 평범한 것에서
선정되도록 하여야 한다.

내가 참여하고 관련하는 사회, 집단, 대상에서는 나 자신은 물론
주변도 인간적이고 발전적인 집단의 목표에 부합되도록
노력하여야 한다.

오늘과 내일이 혼란스럽고, 어제와 그제의 기억이 희미하고
불명할 때는
오늘 이 시간에 충실한 삶이 되도록 하는 현재의 노력을
기울여야 한다.

어울려 사회생활을 하는 우리가
하나 될 수 있는 목적과 방향을 제시하여
그 사회적 힘을 극대화할 수 있는 것이 정신력이다.

민주주의의 기초기반은 그룹간, 계층간의 갈등이다.
그러나 그 궁극적인 목표는 일치한다.

발전을 위한 갈등은 필요한 선한 싸움이다.

교만과 오만, 절제와 온유는
상호작용적이다

모든 일은 바라는 만큼 이루어진다.
그러므로 어느 순간, 어떤 환경에서도
꿈과 희망을 품고 살아야 한다.

내가 나를 향한 바램은
주변과 미래를 향한 베풂을 위한 것이어야 한다.

베풂과 바램은 조건 없이 이루어질 수 있어야 한다.

내가 이 세상을 하직할 때에는
남겨둔 아까움이 없도록 모두 털어 베풀고 가야 하고
그 결산은 하루하루 이루어져야 한다.

나에게 내일은 항상 보너스이고,
더 베풀어 정리할 것이 남아서
주어진 것이라는 것을 알아야 한다.

교만은 작은 물방울 하나가 태평양 바다에서,
촛불 하나가 작렬하는 태양 아래서
"내로라" 하는 것과 같다.

교만은 배타적이고 독점욕적이다. 겸손을 보여야 한다.

존경과 배려는 내가 느끼기 힘들고,
교만은 바로 남에게 느껴진다.
이는 홀로 고민하며 확인해 보아야 한다.

모든 일에는 "Check & Balance"가 수시로 이루어져야 한다.

교만과 오만, 절제와 온유는 상호작용적이다.

목적달성을 위한 목표설정이 뚜렷하여야 한다.

남의 즐거움에 동참하여
내 즐거움을 만들어야 한다

아는 것은 힘이다.

그러나 그 힘은 나를 위함이 아니고

주변과 이웃, 나아가서 국가와 세계를 위해

자연스럽게 도와 줄 수 있는 것이어야 한다.

나에게 주어진 것들은 챙겨보기 시작하면 한없이 많다.

그것을 잘 챙겨서 베푸는 것으로

마무리하여 완전한 나의 것으로 만들고,

저세상으로 갈 때는

내 손에 들고 가는 것은 물질이 아니라

靈으로 표현되는 정신이라는 것을 알고 부지런히 털어야 한다.

인간은 사회적 동물이기 때문에

유유상종이라는 말이 어느 경우, 어떤 집단에서도 통한다.

내가 나의 의지에 관계없이 속해 있다는 것을 알고

어울려 챙겨야 한다.

계절이 오고 가는 것은 자연현상이지만
그 자연현상도 인간의 무차별한 사용에 의한 자연파괴에 의해
순리가 깨어지고 흐트러지는
부자연스러운 현상이 발생하고 있다.

모든 일 중에 최우선은 내가 나를 챙기고 다스리는 일이다.

자신이 점검할 수 있는 자산의 건강점검은
여러 가지 방법과 내용이 있으나
가장 기초적이면서도 기본적인 것은 식욕이다.
무엇을 먹고 싶다는 욕망과 입맛은 건강의 기본이다.

건강한 사람은 먹음직스러운 것, 봄직한 것, 탐스러운 것에
기본적인 욕망이 걸치게 되고
그것은 본능적인 욕망이다.

현대사회는 식 음식의 풍요로
즐겨먹는 잔치를 즐기면서도 비만과 건강을 염려해야 하는
양면을 맞고 있다.
비만과 건강, 먹는 즐거움, 그 선택은 각자에게 주어져 있다.

남의 즐거움에 동참하여 주는 것은
나도 그 즐거움을 내 것으로 만드는 것이다.

음식에 대한 감사는 하늘로부터 주어졌음에서부터
조리해 준 조리사, 식당,
나를 이곳에서 이 음식을 먹도록 기회를 만들어 준 경위 등
모든 감사가 깊이 연계되어 있음을 잊지 말아야 한다.

탐식은 감사를 잊고, 과음과식을 부르고,
다시 이것은 폭식으로 발전한다.

음식은 천천히, 소식으로,
까다롭게 챙기거나 사치스럽지 않게 먹어야 한다.

입에서 나오는 말은 그 사람의 모든 것이다

자신을 자세히 알고 챙기려면 자신뿐만이 아니라
자신과 가까운 친구들이 있어야 한다.
그 친구들이 나의 일부분이 되어야 완전한 나를 알고
그러한 친구는 최소한 두세 명 있어야 한다.

내가 나를 점검하기 위해서는
하루나 이틀 전, 가장 최근에 만났던 사람들과 용건들을 챙겨,
생각해 보아야 한다.

나의 건강은 내가 관심을 가지는 만큼 지켜진다는 것을 염두에
두고 챙겨야 한다.

당연히 내가 나를 믿고, 나 자신을 믿듯이
이웃과 주변을 믿어야 한다.

남의 것을 보고 내 것을 점검함은 물론,

나를 점검하기 위해 남을 점검하는 것은
수시로 틈내어 하여야 한다.

나를 알고, 나를 생각해주는 사람들이 많아야
내가 나답게 살고 있다는 확인이다.

세상 시끄러움에 내 자신의 판단과 배려를 확고히 하고
수정을 위한 관심과 배려를 수시로 확인하여야 한다.

세상을 보는 것은 일상생활을 통한 주변과
친구들을 통해서이다.

세상사나 과거에 대한 미련은 발전적이고 재창조를 위한
기초작업이어야 한다.
동경을 위한 미련에 머물러서는 안된다.

계절에 따라 피고지는 식물이나 미물도
생태계의 변화에는 재빨리 적응하며
변동되는 환경에 복합 적응한다.

맹목적이 아닌
희망과 미래를 향한 기다림이 있다는 것은 좋은 것이다.

그 입에서 나오는 말은
그 사람의 모든 것 – 생각, 가치관, 성품, 인간성이 담겨 있다.

즉 인격이다.

말의 힘은 사람을 죽이고 살린다.

시간과 장소와 환경에 합당한 말은
금쟁반에 올려놓은 금사과와 같다.

말은 많을수록 그 내용이 희석된다.

입 밖으로 나온 말은 독이 될 수도 약이 될 수도 있다.
보약을 쏟아내는 사랑과 축복의 언어가 스며 나와야 한다.

호기심의 충족은 질문을 통해 이루어진다

나는 나의 한계가 어디이고,
내가 해야 하고, 베풀어야 할 일들이 무엇인지를 모르고
그저 그때그때 주어지는 여건과 환경에 긍정적으로 부딪치고
적응하며 살아간다.

세상에서 귀하고 중요한 것이 무엇인지를
가끔 곰곰이 생각해 보고
나의 노력과 삶이 그들에 맞는지를 점검해 볼 필요가 있다.

나를 가장 쉽고, 빠르고, 정확하게 판단할 수 있는 것은
나에게 다가오는 환경에 적응하는 정도이다.

재산은 금전적인 것을 우선하지만 가장 쉽게 얻고 잃는 것이
금전적인 재산이고
온전한 재산은 나 자신이다.

미움이 있으면 관심과 애착이 있다는 것이다.

나의 육체, 정신, 모든 것을 나 자신이 극복하고 관리하는 데
부지런하여야 한다.
육체적인 운동은 물론 정신적인 운동도 끊임없이 곁들여야 한다.

내가 기대하는 것과 내 주변이 기대하는 것은
그 환경과 인격, 능력에 따라 같지 않음을 알고 인정해야 한다.

우리 주변에는 항상
편하게 대할 수 있는 사람들이 가득함을 알고
그들이 나와 다른 점보다는 같은 공통점이 더 많이 있고,
그 공통점은 자신이 기대하고 있는 삶의 대부분이다.

호기심과 관심은
미지의 세계에 대한 알고 싶은 현상으로 그 대상은
육체적, 정신적 호기심이다.

호기심의 충족은 질문을 통해 이루어진다.

나 자신에 대한 영적인 호기심은
내가 "언제, 어디서, 누구와, 무엇을, 왜, 어떻게" 이다.

"왜 ?"라는 질문을 내어놓고
그에 대한 대답을 나 자신에게 납득시키고 수용하여야 한다.

불순종과 거부는 사랑의 기반에서
이루어져야 한다

세상 살아가며 한 끼는 굶어도,
거르지 않고 챙겨야 할 일들이 줄이어 있음을 알고 챙겨야 한다.
챙기는 가장 확실한 기반은 그 상대를 선택한 후
전적으로 신뢰하는 믿음이다.

내가 나를 돌아보고 또 앞을 내어다보고,
그리고 다시 한번 내 주변과 내 능력을 점검하고
어울리는 삶을 만들어야 한다.

내가 생각하는 것은 나를 기준으로 하는 것이지만
관련 없는 다른 사람들이 생각하는 방향과 내용으로
어울리는 삶과 생각을 가지고 수시로 점검하며 살아가야 한다.

한여름은 더워서 기피하고, 또 그 좋은 봄은 짧아서 못 챙기고
그러한 핑계들의 주변생각에서 벗어나도록 하여야 한다.

내가 오늘 마주치는 모든 만남과 일들은
우연이 아니고 필연임을 알고
하나하나 성심성의껏 받아들고
살아가는 온전한 삶을 유지하여야 한다.

길가의 나무 한 그루, 길거리의 구걸인에게서도
나 자신을 돌아보고
비교/수정하는 노력을 기울여야 한다.

신체적인 결함은 나로 하여금
그 분야에 더욱 진력하며 일생을 살아가라는
하늘의 뜻으로 알고
전화위복의 발전된 현실을 만들어가며 살아야 한다.

나는 누구이며 왜 존재하며, 무엇을 위해 살고 있는가를
수시로 확인해 보아야 한다.

여행은 내가 경험해 보지 못한 다양한 환경과
가까이 해보지 못한 사람들을 만나며,
이것을 극복하며 어울려 사는 지혜를 보태준다.

가끔은 나를 간단하고 단순한 환경으로 대피시켜
환경을 바꾸어줄 필요가 있다.

불순종과 거부는 사랑의 기반에서 이루어져야 한다.

눈은 마음을 전달하는 통로이다

건강한 삶은 주어지는 환경에 적응하는 삶이다.
환경이란 자연의 일기에서부터
내가 조성하고 있는 생활환경이다.
무조건 편리한 환경이 좋은 것은 아니다.

내 마음을 다스리는 표시는 항상 얼굴에 나타나고,
가장 긍정적으로 만족스럽게 다스려지면
잔잔한 미소로 표시된다.

근본적인 의사소통은 눈을 통한 간접대화에서 시작된다.
흔히는 눈빛이라고 하지만 빛만이 아닌 마음이 전달된다.

평상시에 마음속에 어떠한 생각을 품고 있느냐가
자신의 삶을 긍정적이거나 부정적으로 가져가는 기본이다.

미소로 대화의 시작이 어려운 상대는 피하는 것이 좋다.

삶을 살아가는 것은 공동체 생활이기 때문에
내가 공동체에 어떤 요소로 기여를 하며 살아가고 있는지를
가끔씩 챙겨보며 살아야 한다.

모든 의사결정은 완벽한 것이 없으므로 시간을 두고
다시 과정을 밟아보는,
생각만으로의 시행착오를 해 보아야 한다.

중요한 일일수록 나를 제외한 모든 상황을
나에게 노출시켜 놓는
허심탄회한 되돌아봄의 과정을 거쳐야 한다.

내가 나를 볼 수 있는 것은
내 주변의 사람들에게서 나를 비춰보는
거울을 통해서 확인할 수 있다.

통상적으로 자연스럽게 반복될 수 있는
생활패턴을 만들어 가며 살아야 한다.

필요 이상의 변화가 밀려오지 않도록
환경을 다스리며 살아야 한다.

인위적인 변화는 적게 하고,
변화를 통한 결과는 강하게 느껴지지 않아야
자연스런 변화를 맞이한다.

항시 입에 붙이고 살아야 할 말은
"괜찮아! 고마워! 사랑해!"이다

내가 보고, 듣고, 느끼는 것은
내가 살아가는 세상살이의 극히 일부분임을 알고,
그를 기반으로 맞는 판단과 대응을 하는 삶을 살아야 한다.

내가 필요한 것은 항상 채워주심을 알고,
미리 걱정하지 말고 앞을 향해 나가는
자신 있는 발걸음이 되어야 한다.

이 세상, 이 사회는
다양한 환경과 구성원에 의해 이루어졌음을 감안하여,
내가 그것들에 긍정적인 적응을 하여
내 자신이 나에 맞게 적응하여 변화시키는
수용 후 변화적응의 수순을 밟아야 한다.

색안경을 끼면 온 세상이 그 색깔로 보이듯이
나는 "나 자신"이라는 영구불변의 색안경을 끼고 있음을 알고 다른 사람의 색안경을 인정하는 여유를 가져야 한다.

온전한 친구란 몸과 마음과 정을 터놓고 오갈 수 있는 대상으로,
온전한 극치의 친구는 부부이다.

세상의 재물은 온 세상 사람들의 살아가기 위한,
살아 있는 동안의 필수물이지만,
저세상으로 갈 때는
누구나 차별 없이 이 세상에 놓고 간다는 것을
항시 잊지 말아야 한다.

재물은 남에게 주어 버린 것이 나의 것이다.
주기 전까지 상대가 재물의 주인이 될 수 있는가를 잘 판단하고,
주고 나서는 재물의 내용은 물론 그 대상자도
나의 머릿속에서 지우고,
오른손이 하는 일을 왼손이 모르게 이루어져야 한다.

항시 입에 붙이고 살아야 할 말은 "괜찮아!, 고마워!,
사랑해!"이다.

외로움은 순수한 믿음으로 극복되어 밝은 미래를 열게 된다.

세상을 살아감에는
주변환경에 동종의식을 가지고 참여하여야 한다.

남에게 베푸는 물질이 내 것이 된다

삶의 전부, 모든 일은 하늘에 감사할 따름이다.

오늘이 있고, 내일을 기대할 수 있음은,
처음이자 마지막을 두고 잊지 않고 감사하여야 할 일이다.

연말을 맞으면, 한 해를 건강하게,
생각의 나래를 펴며 살아온 것에 감사하고,
또 그 이상을 베풀 것을 다짐할 일이다.

자기의 가장 소중한 것을 내어 베풀어
그 가치를 천배 만배 창조하는 것이 믿음이고 진리다.

인간의 생일에 뜻을 두듯이
성탄절은 하늘의 생일이며
세상만물의 생일이 됨을 기념할 날이다.

세상 죄를 지고, 세상 사람들을 위해 살면서도
세상 사람들로부터 구박을 받은 성자도
하늘나라로 보낸 후에야 그 사실들을 믿고 흠모하게 된다.

모든 일은 초기부터 이해하고, 맞으면 좋겠지만 그렇지 못해도
느낌과 신뢰가 가는 순간부터 행하면 된다.

하늘로부터 무궁무진하게 내려오는 모든 종류의 축복을
끝도 없이 감사하며 일생을 살아야 한다.

내가 나를 위한 물질보다
남에게 베푸는 물질이 그 가치가 더 크고
내 자신의 것이 된다는 것을 알아야 한다.

시간이 되고 때가 이르면
모든 것이 이루어짐을 알고 기다려야 한다.

인간은 끊임없이 배우고 자란다.
끊임없이 가르쳐야 한다.

하늘보다 높고, 넓은 곳에서 한 인간으로 작아진 것이
"예수"님이다.

이성의 한계는 저잣거리의 인간에서 성자 "예수"까지이다.

배움은 즐거움을 주고
한 단계 뛰어 깨달음을 준다

내가 오늘도 건강한 삶을 사는 것은
나 자신과 내 이웃의
나를 배려하는 베풂의 덕이라는 것을 알고
매사에 감사하여야 한다.

범사에 감사한다는 것은 내가 그에 얹혀서 묻혀 산다는 것을
알아야 한다는 것이다.

세상 사람들을 보고 나를 그에 비추어 나 된 삶과 자신을
만들도록 노력하여야 한다.

내가 나를 잘 모르면서 남까지 챙기려 들지 말고
남의 것이 눈에 띄면 빨리 내 것을 정비해야 한다.

내 주변을 스치는 사람들은 모두 나의 손님임을 알고
그 손님에 대한 접대를 성의껏 하여야 한다.

내 기억은 항상 유한하여 제한이 있음을 전제로 하여야 하지만
때로는 내 기억을 무한정으로 확장할 수 있다는 것도
알고 있어야 한다.

내가 나에게서 모자라는 것은
항상 주변에서 보충되고 있다는 것을 알고
항상 주변에 감사하여야 한다.

나는 모든 것을 가지고 원만하게 사는 것 같으나
사실은 끊임없는 선택을 요구하는 환경에 살고 있으므로
나의 기준을 확실히 해 놓고 과감하게 선택하여
내 것으로 택해야 한다.

나의 삶은 내가 주도하고 주관해야지
정보화 환경에 주변을 따라 변화하는 삶을 사는
남의 삶이 아니어야 한다.

내 것은 내가 결정하고
내가 결정한 것은 내가 그에 의지하고 나의 정체성을 살려
주관화하여야 한다.

선택은 내가 하고 그 결과에 대한 책임을 내가 져야 한다.

배움은 즐거움을 주고 한 단계 뛰어 깨달음을 준다.

마음으로 감사함을 품으면
넉넉함과 풍족함이 차고 넘친다

현재와 과거를 둘러보고, 스쳐간 주변의 사람들을 점검해 보아,
내가 행했던 그들을 향한 속성이
어떤 것이었나를 판단하여 남은 미래를 챙겨야 한다.

우선 나를 둘러보고, 그리고 주변, 또 미래를 챙겨 보아야 한다.

내일은 기약이 없음을 알아
하루하루를 뜻있게 정리하며 사는 삶이 되도록
노력하여야 한다.

비가 오는 듯, 눈비가 오는 듯, 대비하는 입장에서 주관하여
준비하고 나를 챙긴 후에는 이웃과 주변을 챙겨야 한다.

비우면 비울수록 여유는 기하급수적으로 늘어남을 알고,
밖으로 베풀어 비워야 한다.

울음의 눈물은 몸의 독소를 뽑아낸다.

타산지석은 항상 내 것이 되어 돌아올 수 있음을 알고,
남의 일을 적극적이고 깊이 있게 고려해 주어야 한다.

주변환경은 적응을 통해 나 자신을 뿌리 내리게 한 후,
내가 주도하는 발전적인 변화를 시도하고, 유도하여야 한다.

내가 나도 모르게 행하는 행동이
바로 습관에서 유래되는 것이므로
나의 습관을 평소에 점검해 볼 필요가 있다.

생각이 깊으면 깊을수록 융통성이 없음을 알아야 한다.

베드로가 새벽닭이 울기 전에 세 번이나
자기도 모르게 부정하다가
새벽닭 울음에 화들짝 자기 상태로 돌아왔듯이
우리도 항상 같은 생활을 하고 있음을 알아야 한다.

잘못된 판단과 생각은 "돈"에 의한 것과 "명예"에 의한 것으로
두 가지로부터 자유로움을 얻도록 노력하여야 한다.

뒤돌아보아 회개함을 가지는 것은 내 영혼을 위해
감사한 일임을 알아야 한다.

마음으로 감사함을 품으면 넉넉함과 풍족함이 차고 넘친다.

나 자신을 내세우면 주변이 사라진다

밝고, 바르고, 빼어나고, 주변에 순응하며, 예의를 갖추어,
어울리는 삶을 살아야 한다.

"기대"는 건설적인 희망이 되어 활동의 원동력을 얻을 수 있는
바램으로 발전한다.

하루 세끼를 먹고, 해가 지면 잠을 청해 모든 일과를 풀 듯이
하는 일 하나하나를 점검하고 확인하여
자신만이 아닌 이웃 주변과도 잘 어울리는 삶을 이끌어야 한다.

타인에게 기대하는 마음이 있으면 바로
나 자신의 거울로 비추어
내가 온전히 주변의 기대를 이루어 주고 있나를
돌아보아야 한다.

가장 쉽고, 어려운 것이 노력을 제공하는 봉사활동이다.

어울려 삶의 근본은 무조건적인 봉사의 생활화이다.

한정된 자산과 노력은 그 가치가 무한하게
확대 재생산될 수 있다.
"Sink Hole"이 아닌 폭포수의 근원을 만들어야 한다.

부정적인 느낌이나 생각을 줄 수 있는 대화나 그 상대는
기피하거나 스쳐 지나게 하고,
나를 그 속에 묶이지 않도록 하여야 한다.

모든 일은
주변의 상황에 의해 필요가 제기되어
행동을 요청받기 이전에
내가 자발적으로 선행할 수 있어야 한다.

주변에서는 항상 달콤하고, 이로운 것 같은 유혹이 따른다.

나 자신을 내세우면 주변이 사라지고,
모든 일을 이웃에게 전가하는 부정적인 삶을 살면
허상의 평화가 깃든다.

내 마음속에는 항상 선한 생각과
욕심적 부정적 생각이 공존한다.
이것을 극복하면 물질 복과 함께
남에게 축복을 베푸는 복을 받는다.

고개를 들고 웃음을 활짝 뿌려야 한다

자기의 태생을 지키되 발전적인 변화를 항상 시도하며
탈바꿈하려 하여야 한다.

내가 나를 탈피하기 힘들 듯이
내게 주어진 환경을 다스려 적응하는 것은
부단한 노력과 의지가 있어야 한다.

과거를 돌아보면 앞을 예측하고,
재정립할 내용과 방향 그리고 그 절실함을 찾을 수 있다.

과거는 후회할 자료가 아니라
발전적인 미래를 향한 지표이고 밑거름임을 알아야 한다.

부딪쳐 오는 일은 보고, 생각하기에 따라
그 내용이 달라질 수 있다.
그러나 실제로는 모든 것은 변함이 없는데

그것을 보고, 느끼는 내 마음의 상태,
자세가 수시로 바뀌기 때문이다.

살아가며 이런저런 점검 점을 설정해 놓고
짚어가며 살아야 한다.

인간은 구름처럼 많지만 그 마음속은 한 사람 한 사람이 다르다.
그 많은 사람들 속에서 마음을 알아서 맞추어 전해야 한다.

내 주변에 부딪치는 사람들에게는
알게 모르게 그의 마음을 읽어서 챙겨 주어야 한다.
그렇게 사는 것이 내 주변에서 필요한 존재가 되는 것이다.

내가 별것이 아니구나 하는 한계를 느끼게 되는 지점은
내가 가진 모든 것을 바닥내고 나서이다.

인생이 쨍쨍하여 잘 나갈 때에 나를 챙겨야 한다.

정신적, 영적 목표가 뚜렷하면 주어지는 어떠한 환경도
수렴하여 극복할 수 있다.

나를 향해서 하늘로부터 수도 없는 축복과 행운이 주어지는데
알아서 챙기지 못하고 흘려보낸다.

부모의 자식사랑은 무조건적인 눈물 적시는 사랑이다.

슬픔, 기쁨, 눈물, 사랑은 직접 참여해 보아야 한다.

인간은 물론 동물까지도
자기를 몸바쳐 베풀기 위한 사랑을 그 마음속에 가지고 있다.

외로움은 절망을 불러오고 죽음에까지도 연장될 수 있다.
그러나 잠깐만 돌아보면 외로움이 끝날 수 있는
나의 동료들, 친구들, 식구들, 이웃들이 있음을 알게 된다.

이제에서 영원까지 영원하고 궁극적인 친구는 하나님이다.

나는 내 이웃, 내 인생, 내 주변의 중심에 서 있는 주인공이다.

고개를 숙이고 움츠러들 것이 아니라
세상을 향해 주인이 되도록 고개를 들고
웃음을 활짝 뿌려야 한다.

괜찮아, 고마워, 사랑해

지은이 명정수

1판 1쇄 인쇄 2017. 11. 18
1판 1쇄 발행 2017. 11. 25

펴낸곳 마음풍경
펴낸이 김종욱

등록번호 제300-2004-100호
등록일자 2005.11. 9
주소 경기도 고양시 일산동구 호수로 662
전화 031-900-8061(마케팅), 8060(편집)
팩스 031-900-8062

표지·편집디자인 신성
제작 진행 공간

ISBN 979-11-85303-01-7 03040

마음풍경의 책은 오늘보다 나은 내일을 위한 선택입니다.